辉煌的历程

第二届全国红色故事讲解员大赛集萃

全国红色故事讲解员大赛组委会办公室 编

上海人民出版社

目录

专业组金牌讲解员篇

志愿组金牌讲解员篇

专业组优秀讲解员篇

志愿组优秀讲解员篇

专业组金牌讲解员篇

大山的女儿——时代楷模黄文秀

讲述人

中国人民抗日战争纪念馆　王经纬

“文秀，都这么晚了，天气预报说有大暴雨，你一个人开车太不安全，明早再回吧？”

“不行啊，爸爸，今晚可能会有山洪，我放心不下乡亲们，必须得赶回去。”

这是时代楷模黄文秀生前与父亲的最后一次对话。她年轻的生命永远停留在了 30 岁。

2016 年，从北京师范大学毕业的黄文秀，面临许多的就业选择，父亲告诉她：“孩子，你能上大学就是靠党和政府的资助，你要感恩，永远跟党走！”就这样，黄文秀毅然返乡，走上了扶贫的“长征路”，选择成为大山的女儿。

2018 年，黄文秀到百坭村任第一书记。刚到村里，她就碰了“钉子”。

看到年轻的黄文秀，村民议论纷纷：“你一个女娃娃能干什么，我们跟你聊了也没用，别在这耽误工夫了。”

面对村民的质疑，黄文秀只能把苦闷写在日记里：我觉得心里憋屈，搞不懂为什么我辛辛苦苦地翻山越岭、走街串户，老百姓却对我这么排斥……要想让乡亲们愿意接近我，就得让大家觉得我和他们是一样的。

从那以后，她收起了漂亮的裙子，穿上了运动鞋，学会了当地的桂柳话，端起了搪瓷缸，喝上了玉米酒，铆着劲做贫困户的贴心人。她到群众家不再拿着本子问东问西，而是主动帮他们扫院子、种油茶、摘果子，一边干活一边唠家常，她跟村民打成了一片，真正成为大山的女儿。

一年的时间过去了，百坭村的路更宽了，灯更亮了，村子更美了，全村有 103 户贫困户，88 户成功脱贫了！黄文秀也得到了村民的认可，都把她当成自家人，比亲闺女还亲。

黄文秀在扶贫心得里写道：在我驻村满一年的那天，我简单地发了一个朋友圈："我心中的长征，驻村一周年愉快。"

脱贫攻坚，不获全胜，决不收兵。这是黄文秀和村民的约定。

就在牺牲的前几天，她自己掏钱订了一坛酒，打算等到全村都脱贫了拿来庆功。如今，庆功酒已经送到了，整村脱贫马上也要实现了，可文秀却不在了。

大山的女儿黄文秀把美好留给了乡亲，把青春献给了大山

村民第一次走出大山，来到北京参加“时代楷模”黄文秀先进事迹发布会，一进演播室，看见文秀的照片，眼睛就湿润了：北京这么繁华，这么好，文秀，你为什么不留在北京，为什么选择大山呀！

“文秀书记，咱们不是说好的吗？打赢扶贫攻坚战我们一起收兵，你怎么失约了呢！”

不，她没有失约！她用生命践行了约定，让永远跟党走的信仰更加坚定，让一心为民的责任更加牢固，让新时代中国共产党员的形象更加挺立！

文秀姐姐，我知道在你的箱子里还有一件连吊牌都没有摘掉的裙子，我想，你和我们一样，都是爱生活爱漂亮的女孩儿，但是你又和我们不一样，你放弃繁华的大都市，一头扎进大山里的贫困村，你把美好留给了乡亲，把青春献给了大山，你就是大山的女儿！

上“学习强国”，进一步了解红色故事

活在人民心里

讲述人

91423 部队军史馆　胡　静

在这个世界上，每天都有生命在消逝，用什么来证明我们来过？我想，是被人记得。河南兰考县县委书记焦裕禄就是这样一个活在人民心里的人。

1962 年的冬天，在兰考县遭受“三害”最严重的时候，焦裕禄来到了这里。展现在他眼前的是一望无边的黄沙、结着冰凌的洼窝，摇曳着枯草的盐碱地。在那之后，他就骑着自行车、穿着破布鞋，用 475 天的时间，走遍了兰考 1800 平方公里的土地。

那是个冬天的黄昏。北风越刮越猛，雪越下越大。焦裕禄想着在风雪中艰难度日的贫苦群众，心中焦急万分，外面的大风雪刮了一夜，焦裕禄屋子里的灯也亮了一夜。天一亮，焦裕禄就出发了。在梁孙庄，他走进一个低矮的柴门，屋子里住的是一对无儿无女的老夫妻，老大爷常年卧病在床，老大娘的眼睛看不见。焦裕禄一进屋，就坐在老人的床头，嘘寒问暖起来。

“孩子……这大雪天的你来干啥啊？”老大爷问道。

“是毛主席叫我来看望您老人家。”焦裕禄答道。

“啊？那你是谁啊？”老大爷又问。

“我是您的儿子啊。”焦裕禄说。

“儿子？老太婆，快来啊，他说他是咱儿子！”

听了这句话，坐在旁边的老大娘用颤抖的双手上上下下地摸索着焦裕禄的脸，嘴里不停地呢喃着："儿子，儿子……"这一天，焦裕禄没烤群众一把火，没喝群众一口水；这一天，焦裕禄在风雪中走了9个村子，访问了几十户困难群众；这一年，焦裕禄带领全县的百姓与天斗、与地斗，让沙土地生根，让盐碱地生芽，让内涝的兰考生出了泡桐花。

焦裕禄的心里装着全体人民，却唯独没有他自己。他有很严重的肝病，发病时疼痛难忍。为了止疼，他就用钢笔、筷子、鸡毛掸子顶在肚子上，时间长了，竟把坐的藤椅顶出了一个大窟窿。肝癌晚期的他躺在病床上，心里惦记的仍然是人民。在弥留之际，他的眼睛朝着兰考的方向望去，他在牵挂着，牵挂着张庄的沙丘封住了没有？盐碱地上的麦子长得怎么样了？老韩陵的泡桐树栽了多少棵了？

肝癌晚期的焦裕禄躺在病床上，心里惦记的仍然是人民

焦裕禄去世之后，坚强的老母亲在大家伙面前没有流一滴眼泪，却偷偷来到儿子的坟前，哭了个天昏地暗：“儿啊，这可能是咱们娘俩最后一次说话了，娘老了，以后再也来不了了，你放心，娘一定会照顾好你的 6 个孩子。”

焦裕禄走了，将自己 42 岁的生命完完全全地奉献给了那片土地，他永远活在了兰考人民的心里。人们一个个含着泪水，一位老贫农泣不成声地说出了 36 万兰考人的心声：“我们的好书记，你是活活地为俺兰考人民累死的呀。困难的时候你为俺贫农操心，跟着俺们受罪，现在，俺们好过了，全兰考翻身了，你却一个人，在这里……”

他不是一个人在这里，一代代焦裕禄式的共产党人让兰考这片土地发生了翻天覆地的变化。当年他亲手种下的那棵焦桐幼苗，已经长成了参天大树，它在风中摇曳着、摇曳着，仿佛一直在跟后人诉说着这段亲民爱民的故事……

上“学习强国”，进一步了解红色故事

夜空中最闪亮的星

讲述人

上海龙华烈士陵园　赵　峰

在2016科技盛典的颁奖仪式上，南仁东的名字位列十大科学家之首。这位FAST工程首席科学家兼总工程师的背后有着太多太多关于天眼的故事。那么天眼和南仁东到底有着怎样的不解之缘？让我们将时间追溯到1993年。

当时，无线电科学联盟大会在日本召开。科学家们商议要在全球电波环境恶化之前，建造新一代的射电望远镜。那时德国波恩射电望远镜的口径是100米；美国的阿雷西博是350米；而中国的射电望远镜只有25米。“我们的落后是明摆着的。”参加会议的南仁东教授当即敲开中国代表团的大门：“中国要在宇宙探索中从跟跑者成为领跑者，就必须有自己的大国重器，咱们得建一个大望远镜！”

因为落后必须奋起，1994年初春，南仁东联系了全国100多位专家，写出了一篇长达17300多字的《大射电望远镜（LT）国际合作计划建议书》。这个建议书得到中科院的大力支持。于是南仁东带领国内外专家团队用了整整12年走遍了中国西南地区的1000多座高山和洼地，终于找到了中国天眼的最佳选址——大窝凼。

正当大家兴奋不已之时，一个消息犹如晴天霹雳。由南仁东主导、提议的项目被国际组织否决。那天夜里，南教授一个人在办公室泪流满面。“我 60 岁了，可以退休了。可是我这些学生怎么办？他们每天在这荒山野岭里跟我一起数星星。做的这些跟现在的经济环境格格不入。他们怎么办？参加预研究的，还有那么多专家，怎么办？国家投入 10 多亿元搞望远镜，如果工程停止了，我怎么对得起国家呀！”

正当工程预研究几近流产时，国家发改委批复了 FAST 工程正式立项，这无疑是给所有的人打了一针强心剂。那一天，FAST 团队沸腾了。“中国的命运要靠中国人自己主宰。”南仁东把大家集合起来深情地说：“FAST 立项不意味着胜利，我们只是刚刚出发。外国科学家认为中国连汽车发动机都做不好。可是大家想想，当年我们科技、经济条件都很落后，能搞‘两弹一星’吗？‘有条件要上，没有条件创造条件也要上。’今天的我们一定要找回自信，找回‘自力更生’。”

2016 年 9 月 25 日，500 米口径球面射电望远镜——FAST

每当我们仰望夜空，总会想起那颗闪亮的“南仁东星”

在南仁东的指导下正式落成启用。如今，FAST 已发现 100 余颗优质的脉冲星候选体，还首次捕捉到了距离地球约 30 亿光年的神秘射电信号。不夸张地说，南仁东为中国开启了射电天文学 10 年至 20 年的“黄金期”。

2018 年，国际天文学联合会批准将“79694”小行星正式命名为“南仁东星”。2019 年，中国国家主席习近平签署主席令，授予南仁东“人民科学家”国家荣誉称号。

是南仁东让中国睁开了“天眼”，他自己却永远地闭上了眼睛。如今，每当我们仰望夜空，总会想起那颗闪亮的“南仁东星”。听，这是天眼接收到的脉冲信号，这是南老从宇宙带回的声音，里面有他的智慧、他的坚定，和他对祖国的挚爱与忠诚！

上“学习强国”，进一步了解红色故事

用生命托起战鹰的翅膀

讲述人
联勤保障部队某医院院史馆 郭 娅

“大转弯！”“放起落架！”“放下尾钩！”……2012年11月23日，在现场总指挥、沈飞集团董事长罗阳的自言自语中，一架歼-15战机像一道闪电，穿过白云，撕裂天空，稳稳地停在了我国第一艘航母“辽宁舰”的甲板上。歼-15战机的海上成功试飞，意味着我军告别了“有舰无机”的历史，实现了我国航母工程海天相连的历史性跨越！

可没想到两天之后，就在欢呼声和锣鼓声中，总指挥罗阳却因过度疲劳，突发心肌梗死倒下了，倒在了航母的凯旋途中。而他这一倒，就再也没能起来。

在送别罗阳的时候，所有人感慨最多的是：他太累了……

他，太累了……勤务战士说，罗总房间的灯总是亮到很晚，甚至整晚都不会熄灭；和衣而睡，来不及盖被子更是常事。理发师最怕的就是给他理发，因为每次理发，他都会马上睡着，一旦不注意头往下一垂，一剪子就剪多了。因此，罗总的头发总是被理得很短。

他，太累了……沈飞的同事回忆说，罗总的工作习惯是“711”。意思是说，每周工作7天，每天工作11个小时，而在任务最后冲刺的一个月，这个数字变成了“720”。在妻子王希利眼里，罗阳永远都是个“负债人”。罗阳经常加班到凌晨回家，累得腿发软。妻子看着心疼：“真想不明白，你怎么天天这么忙？为什么你就这么累?!”

罗总的父亲去世了。只要有时间，他就一定会到母亲那里。有一次，罗总跟母亲在卧室里唠家常，秘书在客厅等了许久也不见他出来。走近一看，原来罗总倒在母亲的床上，斜靠着被子睡着了，还轻轻拉着母亲的手。老母亲坐在床边，静静地看着儿子，屋子里只有罗总微微的鼾声。他，太累了……

11月26日，罗阳79岁的老母亲，和往常一样打开电视。在那一刻，她不敢相信自己的眼睛，电视里被称为英雄的那个人，不就是自己的孩子吗？一直心疼儿子的老母亲；一直盼望着儿子回来，能靠在床头睡一觉的老母亲，怎么也没想到，儿子这次真的就沉沉地睡着了。“孩子啊，你不是说出差去了吗？我的儿子啊，你为什么要这么累啊……”

为什么要这么累?！罗阳他自己是这样说的：“我们最大的

罗阳房间的灯总是亮到很晚，甚至整晚都不会熄灭。他，太累了

追求，就是通过我们自己的努力，使得我们国家的先进战机，能够早日装备部队，使得我们国防工业能够更加强大起来。”

如今，我们对罗总的话有了更深的理解：

他是为了辽宁舰顺利完成编队合练，形成战斗力；

他是为了飞鲨梯队飞过天安门广场，彰显军威国威；

他是为了中国第二艘航母按计划到达南海指定位置，双航母战斗群，呼之欲出；

他是为了中国海疆，固若金汤！

罗阳不是不知道他在透支自己的生命，可他更清楚中国与世界先进水平之间的差距。他深知：只有为中国航母插上翅膀，我们的海军才能走向深蓝，扬帆远航！

你听，这是大海的声音……

你听，这是飞翔的声音……

上“学习强国”，进一步了解红色故事

超越王选

讲述人

南昌八一起义纪念馆　周　甜

朋友们，一看这题目，您肯定会问，王选是谁？为什么要超越他？

超越王选，这话是他自己是说的。古有毕昇，今有王选。王选到底是谁呢？

他于 1937 年出生在上海。读小学时，他负责班级的黑板报工作，见别的同学字迹潦草，他就默默地抄写一遍贴上去。去北大上学，人家选择热门专业，他却选了当时的冷门——计算数学。这就是王选。

1974 年，我国设立“汉字信息处理系统工程”，王选看到了希望，当时病休在家的他很快写出了一个方案，但中外专家并不看好他，认为他是一个名不见经传的病休小助教，他的方案不过是异想天开的数字游戏。可他没有放弃，一头扎进了汉字激光照排系统的研究。

要知道，这项技术在国际上已经走过了 30 年。如何超越？唯有大胆创新。1979 年，倾注了王选全部精力的首个汉字激光照排系统研制成功。从此，一步跨越 40 年，中国传统印刷行业告别铅与火，迎来光与电。这项技术也被誉为“中国印刷术的第二次发明”。

有人说，在全世界的每一个角落，只要你读过书、看过报，你就要感谢王选。就像你每天用电灯时要感谢爱迪生一样。王选获得了国家最高科学技术奖，并且以他的名字命名一颗行星。从此，“王选星”永远闪耀在浩瀚的宇宙中！这就是王选。

2000 年，积劳成疾的王选被确诊为癌症，医生说：最多两年。王选向妻子许诺：我会减少工作量，像当年科技攻关那样和疾病斗争。可事实呢？住院 798 天，放疗 115 次，却参加活动会议 340 多次，写下 27 篇文章，一共 11 万字。

随着病情恶化，他冷静地写下遗嘱 8 条，33 行，662 个字。其中写道：一旦医生会诊确定已全面转移……治疗无效……我坚决要求“安乐死”……我们不愿浪费国家和医生们的财力物力和精力，这点恳请领导予以满足……捐献我身上所有有用的东西，包括角膜，以挽救更多的生命。我对国家的前途充满信心，21 世纪中叶中国必将成为世界强国，我能够在有生之年为此作

王选一头扎进了汉字激光照排系统的研究

了一点贡献，已死而无憾。

2006年，王选在妻子的怀中去世。去世前他流下了生病以来第一次也是唯一的一次泪水，他太舍不得了，舍不得钟爱一生的汉字王国，舍不得相守一生的至爱，更舍不得他为之奋斗的伟大祖国。

王选离开了我们，可他从未走远。他给我们留下了光辉的业绩、可贵的风格、辉煌的远景；留下了永不止步的创新精神、百折不挠的献身精神、无私奉献的爱国精神。

一个时代有一个时代的人物。王选虽去，但他用顽强的意志铸就成永远的丰碑。在历史的长河中具有强大的精神生命力，成为一个时代、一个民族、一个国家的精神力量。

“超越王选，走向世界。”这是王选的遗嘱，是时代的呼唤，是国家和世界的需要，也是中国特色社会主义事业的需要。

“超越王选，走向世界。”在他期许的目光中，新一代的追梦人，荡漾起振兴中华的豪迈激情，向着新的时代、新的征程扬帆起航。

大国风范

讲述人

铁人王进喜纪念馆　郑媛元

今天在我的讲述中会出现许多陌生而又绕口的词，比如斯梅代雷沃，比如河钢集团塞尔维亚公司管理团队，再比如河钢塞钢……这些闻所未闻的词汇，究竟是什么意思？彼此之间又有怎样的联系呢？别着急，一会儿您就明白了。

斯梅代雷沃，这是一座城市的名字。它坐落在塞尔维亚的东北部，多瑙河沿岸，全市人口仅有 11 万，而其中 3 万多人的收入都直接或间接地与斯梅代雷沃钢厂的效益息息相关。“如果有一天，钢厂的烟囱灭了，我们这座城市也要关门了。”市民形象的描述绝非危言耸听，而这一天，眼看就要到来了。有着 106 年历史、曾是欧洲钢铁巨头的斯梅代雷沃钢厂，在 2015 年彻底陷入了靠政府补贴度日的绝境。城市衰败到路上的电线杆还是木质的，市民对未来的不安全感甚至让他们连养育孩子的计划都不敢去考虑。处在生活窘迫中的斯梅代雷沃人不会想到改变他们命运的词很快出现了——

河钢塞钢，这是一个企业的名字。2015 年，塞尔维亚总理武契奇向中国河北省政府和河钢集团求助：“救救我们的企业，救救我们的员工和家人吧。”没有耗时过长的谈判，有关部门以最快的速度作出了决断，同意河钢集团收购斯梅代雷沃钢厂，组建“河钢集团塞尔维亚公司”，即河钢塞钢。来自中国的援助，让万里之外的那座城市欢欣雀跃。他们仿佛预见到了未来的幸福生活。于是，他们开始急切地盼望着管理团队早日到来——

河钢集团塞尔维亚公司管理团队，就是让他们日夜盼望的那个团队。它由 9 人组成，全部是河钢集团各重要部门的翘楚。他们为钢厂带来了新技术、新知识，还有中国改革开放的宝贵经验，毫无保留，倾囊相授，让钢厂在短短时间里，扭亏为盈，涅槃重生。

“是中国人让两座高炉重燃火光，是中国人为我们的城市带来了希望！”当地人的感恩热烈而真诚，为生活的改变、为城市的重生，更为获得的尊重！

曾以为强国强企的收购会带来霸道的管理与绝对的服从，曾以为钢厂易主会丧失百年来形成的企业文化，曾以为这不过是一场各取所需的交易……斯梅代雷沃人想到了一切可能，却唯独没想到这支来自中国的管理团队让他们收获了始料未及的尊重！尊

是中国人让两座高炉重燃火光，是中国人为斯梅代雷沃这座城市带来了希望

重，体现在管理团队始终奉行的“用人本地化、文化本地化、利益本地化”的原则上；尊重，体现在分歧时的耐心沟通和朋友般的信任上；尊重，体现在毫无保留的“授人以鱼不如授人以渔”的无私上！

河钢集团塞尔维亚公司管理团队肩负国家使命，是中国“一带一路”倡议和国际产能合作的忠实践行者，是参与国际竞争与合作、积极融入全球化发展的先锋模范。2019年，河钢集团塞尔维亚公司管理团队被中宣部授予“时代楷模”称号。他们让全世界看到了中国人的自信和中国的大国风范！未来之中国，必将以更加开放的姿态拥抱世界，以更加博大的胸怀放眼世界。

上“学习强国”，进一步了解红色故事

锁在箱底的“传家宝”

讲述人
中国甲午战争博物馆　徐淑钰

1948 年 6 月，在壶梯山战役中任突击组长，获师一等功；

1948 年 7 月，在东马村消灭守敌，获团一等功；

1948 年 9 月，在临皋截击敌人，获师二等功；

1948 年 10 月，在永丰战役中夺敌两个碉堡，获军一等功……

也许你要问，战斗如此密集，战功如此显赫，这说的是哪位将军呀？

今天故事的主人公，既不是叱咤风云的将军，也不是位高权重的大官。

他叫张富清，95 岁高龄，一位再普通不过的老人。直到 2018 年 12 月，湖北来凤县在进行退役军人信息采集时，意外发现这座小城里竟藏着一位功勋卓著的英雄。那些压在旧箱底的军功章，道出一段段不为人知的烽火记忆。

70 多年前的 1948 年，年轻的张富清参军，向着新中国的第一缕曙光冲锋。他已记不清打过多少仗，受过多少伤。永丰城那一仗，当他炸毁敌人第一个碉堡时，头顶一阵剧痛，鲜血霎时迷住眼睛，用手一摸才知道是一颗子弹擦着头骨穿过，头皮被掀开，留下一道沟……

什么叫“提着脑袋闹革命”？张富清从陕西一路打到新疆，又折回北京，双脚踏遍半个中国，可谓九死一生。只有老伴知道，他腋下被燃烧弹烧成炭黑的皮肤、口中被炮弹震掉的牙齿和手上因包扎不及时而变形的关节……

深深镌刻在身体上的，何尝不是另一种“军功章”！但是新中国成立后，面对百废待兴的局面，张富清把军功章锁进箱子，头也不回地去了湖北恩施，投入了消灭贫困的新战斗。用张富清的话说：“这里苦，这里累，这里条件差，共产党员不来，谁来啊！死都不怕，还怕苦吗？”

在与世隔绝的卯洞公社高洞片区，张富清发誓带领大家修出一条“致富路”。在3公里的悬崖上施工，需要炸药爆破，张富清像当年在突击队一样，第一个站了出来。他说：“碉堡都敢炸，这算什么？”

没想到，偏远山区的脱贫是一场持久战，张富清一干就是

老英雄张富清给我们竖了一面镜子，也树了一个标杆

60 多年。在来凤县，他留下的是解决群众出行问题的悬崖公路，是解决群众吃水问题的天坑下的水源，是解决群众照明问题的第一座水电站，是解决群众住房问题的职工宿舍……而张富清自己，生活极其节俭，家里的搪瓷杯用了半个世纪，杯底打着三四个补丁。

有人说，只要亮出军功向组织伸手，不难享受到各种待遇，这是何苦呢？张富清说道："我一想起和我并肩作战的战士，有几多都不在了，我比起他们来，我有什么资格拿出立功证件去摆自己啊！我吃的住的已经很好了，没得什么要求了。"富有乐观精神的张富清每每念及牺牲的战友，都忍不住声泪俱下。

他那只旧箱子里锁着的，不仅仅是功劳和名利，更是一份弥足珍贵的精神财富、最值得珍视的"传家宝"，那就是习近平总书记在对张富清同志先进事迹作出重要指示时说的："一辈子坚守初心、不改本色。"老英雄给我们竖了一面镜子，也树了一个标杆。在他面前，一切拈轻怕重都过于矫情，一切追名逐利都令人惭愧。

他朴实纯粹、淡泊名利的奉献精神，必将砥砺每一位新时代的奋斗者一往无前、永不懈怠！

上"学习强国"，进一步了解红色故事

永恒的英雄之光

讲述人
鸦片战争博物馆　王亚楠

朋友们，在你的心中青春是怎么样的呢?

有一位战士给出了这样的答案:“青春是美丽的，但一个人的青春可以平庸无奇，也可以放射出英雄的火光。我必须把我放在炉火里，看看我是不是块钢铁。”

他就是中国人民志愿军战士罗盛教。

1951 年，年仅 20 岁的湖南新化小伙罗盛教跨越两千公里，来到朝鲜战场。这一天，罗盛教与战友在从前线回来的路上，在隆隆炮声中，他隐约听见了孩子的哭声。循声而去，发现一个孩子正扑在一名妇女的胸膛上痛哭，而妇女背后的孩子已被炮火炸去了半边身体。这是罗盛教第一次直面战争的悲剧。他的心里久久不能平静，当天夜里，就在日记中写道:“当我被侵略者的子弹打中以后，希望你不要在我的身体面前停留，应当继续前进。”

虽未置身炉火，却已然击浪冰河。那是罗盛教生命中的最后一个早晨。1952 年 1 月 2 日，寒冬料峭的朝鲜石田里村，4 个孩子正在结冰的河面上玩耍。突然，一声喊叫划破天空:“有人落水了!”正在附近准备练习投弹的罗盛教听到求救声后，立即奔跑过去，看到破裂的冰面和孩子们惊恐的手势，他瞬间明白了一切。原本并不熟习水性的罗盛教，没有丝毫的犹豫，甩掉帽子、衣服，“扑通”一声，跳入冰冷彻骨的河水中。他在水下摸索着，当抓到落水少年，立即奋力将他托向水面。可由于冰面太薄，承受不了少年的体重，少年再次落水。就这样，一次、两次……罗盛教的体力开始迅速消耗，四肢变得麻木而僵硬，呼吸也异常困难，但他却又一次顽强地潜入水下，这一次用尽了最后的力气将少年托出了水面。少年得救了，可罗盛教的身体却慢慢、慢慢地沉了下去……

四面八方的乡亲们赶到了，从冰层下找到了早已冻僵的罗盛教。“同志！同志！”人群哭喊着。认识他的人呼唤着他的名字：“罗盛教！罗盛教！”可他，再也无法回应。

朝鲜人民用最隆重的葬礼安葬了罗盛教。朝鲜最高领导人金日成也亲自题词——“罗盛教烈士的国际主义精神与朝鲜人民永远共存”，并授予他一级国旗勋章和一级战士荣誉勋章。

那个被罗盛教营救的少年叫崔莹，后来他加入了朝鲜人民军，成为一名像罗盛教一样的军人。1960 年，中国军事代表团访问朝鲜，已是朝鲜人民军排长的崔莹找到代表团，激动地说：

罗盛教用尽了最后的力气将朝鲜少年托出水面，用生命诠释了什么是真正的国际主义

“是中国人民志愿军救了我，我会永远牢记中朝人民的友谊和志愿军英雄罗盛教。”

67 年过去了，英雄的光芒从未消退。2009 年，罗盛教入选“双百人物”。2019 年，国家又授予他“最美奋斗者”荣誉称号。

一名普通的中国人民志愿军战士，用自己年仅 21 岁的生命诠释了什么是真正的国际主义，什么是真正的大爱无疆。这种爱，超越民族，跨越时空，以一种磅礴的力量，流经苍茫大地、江河湖海，直达我们今天的赛场，昂扬我们的斗志，也直抵我们的内心。

上“学习强国”，进一步了解红色故事

用生命担当使命的新时代英雄战士——杜富国

讲述人

抗美援朝纪念馆　裴亚男

近年来，一名军人“你退后，让我来”的英雄壮举，传遍祖国的大江南北，激荡着亿万国人的爱国情怀。

是什么让一位战士面对危险勇敢无畏？又是怎样一种精神让一名失去双手双眼的“90”后青年对信仰依然坚定、对梦想依然执着？今天，我与大家分享的，正是用生命担当使命的新时代英雄战士杜富国的故事。

杜富国出生在革命圣地遵义，家中有四兄妹，他排行老大。四兄妹分别名为富国、富佳、富民、富强，四个名字饱含了一家人的家国情怀。红色沃土及淳朴的“家庭、家教、家风”，培养了杜富国扎根心底的爱国之心、报国之志。

2010 年 12 月，他光荣成为中国人民解放军中的一员，在这所锻金淬钢的大熔炉里，他第一批入党，立下永远忠诚于党的铮铮誓言。2015 年 6 月，边疆扫雷大队组建，他毫不犹豫递交了申请书。他懂得扫雷的危险，更忘不了刚到边境村时见到的“八十几个村民只有七十几条腿”的残酷现实。杜富国仍在 3 年多时间里，出入雷场 1000 余次，排除各类爆炸物 2400 余枚，处置各类险情 20 余起。

尽管他一次次幸运地与死神擦肩而过，但不幸还是降临了。2018 年 10 月 11 日下午，正在执行扫雷任务的杜富国，突然发现一枚半露出地面的加重手榴弹，他急忙对战友喊“你退后，让我来”。就在他上前查明情况时，爆炸发生了，他的防护服被炸成棉絮状，两个手掌被炸飞，双眼球破裂，大腿根部至面部多处受伤。

面对伤残的折磨、无尽的伤痛，他没有丝毫后悔和黯然，有的只是始终的坚持和坚强。昏迷三天三夜，5 次大手术后不到一个月，杜富国就让父亲扶着他走路；一个半月后，他就在病床上做起了平板支撑；半年后，他已经能在跑步机上用 13 分钟完成 3 公里跑。

杜富国的坚持是烙印在灵魂深处的对党忠诚，是流淌在血脉基因里的红色传承；他的坚强是回响在强军征程上的冲锋号角，

杜富国的坚强是回响在强军征程上的冲锋号角，是新一代革命军人矢志不渝的时代担当

是新一代革命军人矢志不渝的时代担当。

就在杜富国受伤后的一个月，他的战友们用手拉手徒步检验的方式把最后一块扫过的雷场移交给当地百姓，死亡地带终于变成了一块和平之地。

当初杜富国和战友高唱军歌来到雷区时，乡亲们奔走相告，夹道相迎。得知杜富国要离开云南转往重庆治疗，全体村民眼含热泪为英雄送行。这是新时代军民最深的鱼水情，因为，在杜富国和这些扫雷官兵身上，人民群众看到了也读懂了什么叫信仰，什么叫追求，什么叫新时代最可爱的人！

千古风流浪淘尽，生死刹那见英雄。“你退后，让我来！”这6个字铁骨铮铮，以血肉挡住危险，哪怕自己坠入深渊，无法还给妈妈一个拥抱，无法再见妻子明媚的笑脸，但耳畔正有战友们手拉着手走过雷场，你听，那嘹亮的军歌不正是对英雄最好的礼赞吗？

上“学习强国”，进一步了解红色故事

心如磐石

讲述人

东北烈士纪念馆　李岸洋

1934 年，小腿因枪伤溃烂发炎的卢进勇在长征路上掉队了。夜的黑暗透出一丝令人生畏的寒意，被雨水完全浇透的他不禁打了一个寒战："有本事就冻死老子，冻不死我还能追上大部队！"话音刚落，一个微弱的声音传了过来："同志……"死寂一般的周遭，这亲切的呼唤让他倍感温暖，毫不犹豫地寻了过去。

他看到了一位半倚在树根上的战士和一张毫无血色的脸，冰冷而僵硬的身体告诉卢进勇，他已不知饿了多久了。卢进勇忙捧上仅剩的一小撮青稞面，"同志，快吃"！战士却摇头拒绝，艰难地抬起右手指向了自己的左腋窝。那里一定藏着他视为生命的东西。究竟是什么？当卢进勇剥开战士腋窝下藏着的纸包后，又惊又喜——静静躺在层层包裹里的居然是 7 根火柴！在这该死的寒冷中可以救命的 7 根火柴！卢进勇兴冲冲就拿起一根火柴，可战士却不知怎么突然来了力气，一把抓住了他的胳膊。卢进勇急了："我生火给你取暖！你还能活！"

紧紧抓住的手依旧没有松开，战士坚定的双眼里流出两行泪水，他用尽生命最后的力气断断续续挤出了 9 个字："这是大家的，把它交给……"

一个年轻的，直到最后都不知道姓名的战士倒在了黑暗中，却带着完成使命的欣慰。也许，他早一点划着一根火柴，就不至于被冻僵；也许，这 7 根火柴会让他撑到获救；也许，他有一千个活下去的理由，但却只有一个信念——“这是大家的”！这 7 根火柴点燃的不能只是一堆取暖的篝火，不能只为了他一个人……这信念是他心中的磐石，他坚信这 7 根火柴一定会回到红军的队伍，他坚信这 7 根火柴会照亮更多战士前进的道路，他坚信这 7 根火柴燃起的星星之火势必引发未来燎原之壮阔！

把全国人民和中华民族的根本利益看得高于一切，坚定革命的理想和信念，坚信正义事业必然胜利；为了救国救民，不怕任何艰难险阻，不惜付出一切牺牲；坚持独立自主、实事求是，一切从实际出发；顾全大局、严守纪律、紧密团结；紧紧依靠人民群众，同人民群众生死相依、患难与共、艰苦奋斗。此谓长征精神！它是中国共产党在二万五千里长征中创造的革命精神，是

年轻的战士坚信，这 7 根火柴燃起的星星之火势必引发未来燎原之壮阔

烛照中华大地的信仰之光，是砥砺前行的华夏儿女心中永远的磐石！

心如磐石，坚信农村脱贫攻坚战必胜的黄文秀，留下了笑靥如花的无怨无悔；

心如磐石，坚信人民和民族的利益高于一切的凉山森林消防支队27名消防员，逆人群而上，留下了义无反顾的背影；

心如磐石，坚信国必富、民必强的钱学森、袁隆平、屠呦呦，攻坚克难，创下了一个又一个震惊世界的奇迹！

心如磐石，新长征路上的我们，坚信中华民族伟大复兴的中国梦就在前方，坚信中国共产党领导的中国特色社会主义事业必将书写更辉煌的篇章！

我心如磐石，永不动摇！

上“学习强国”，进一步了解红色故事

志愿组金牌讲解员篇

大地勋章

讲述人
国防科技大学国际关系学院院史馆　崔义佳

楼兰，这座丝绸之路上的重镇，曾经有过500年的辉煌历史。如今，被掩埋在漫漫黄沙之下。

20世纪80年代初，一个叫作八步沙的地方，也遭遇了同样的劫难。这里是腾格里沙漠南缘最大的风沙口，“沙魔”以每年7.5米的速度向前推进，所到之处村庄荒废、耕地尽失。难道这里会步楼兰古城的后尘吗？历史的悲剧会重演吗？

故土难离，中国人对家有着强烈的执念，为了守护家园，共产党员石满站了出来，郭朝明、贺发林、罗元奎、程海、张润元也站了出来。一份协议按下6个指印，犹如立下军令状，签下生死书。6个人，年龄相加超过300岁，能抵挡住凶残的“沙魔”吗？几把铁锨、一头毛驴、一辆架子车，他们像勇敢的战士，迎着沙漠出征了。

人类，在大自然面前是渺小的。白天辛苦种下的树苗，夜晚一场大风便不见了踪影。但人的毅力却是无比强大的，他们没有退缩，与风沙打起了持久战，你吹没了，我继续栽，第一年就造林一万亩。不料，开春又是一场大风，六七成的树苗“阵亡”了。面对“尸横遍野”的战场，“六老汉”眼中流露哀伤，充满绝望。石满不忍看这残酷的场景，把头转向一旁，不经意间却发现在一块有草的地方，出现了一抹新绿。原来草能固沙，能保护树苗！笑容回到了老汉们的脸上，希望被再次燃起。他们运来稻草，一边压草，一边种树苗。在人与自然的较量中，沙漠低下了高傲的头颅，渐渐化为绿洲。

为了保卫胜利成果，继续扩大战果，“六老汉”约定，每家必须有“接锹人”。

时光流转，岁月更迭。转眼十几年过去了，郭朝明、罗元奎先后故去。曾获得全国劳动模范的石满重病弥留之际叮嘱儿子：“就把我埋在八步沙，埋近点，我要看着林子。”从此，儿子每天收工都要到父亲的坟前，点上烟，说上一会儿话，告诉他今天种了多少棵树，林子又有了啥变化。

肝硬化晚期的贺发林倒在了自己亲手挖的树坑旁，手里还攥着没有种完的胡杨苗，他多想亲自呵护着它成长啊！儿子贺中强眼含泪水把树苗种进树坑里。此时，他再也无法压抑内心巨大的悲伤，“爹，你放心吧！只要儿子还有一口气，就一定让它长成

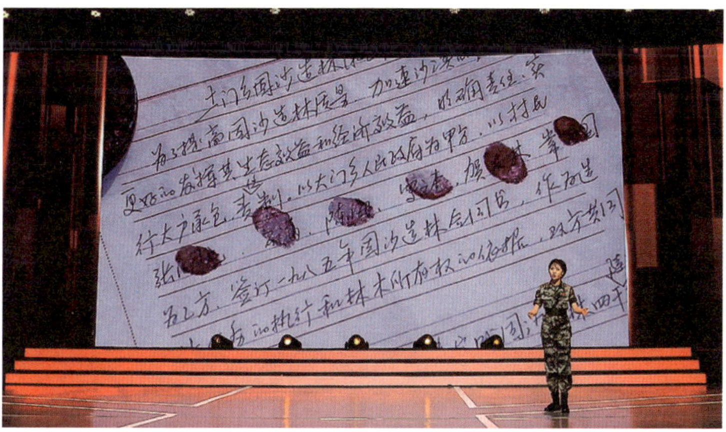

一份协议按下 6 个指印，犹如立下军令状，签下生死书

最茁壮的胡杨”。西北汉子倔强的怒吼在沙漠上空久久回荡，这是人类不屈的呐喊，这是向死而生的悲壮。

“六老汉”的孩子们像战士一样接过父辈的铁锹，成为第二代治沙人。2017 年，郭朝阳的孙子加入，成为第三代治沙人。

绿水青山就是金山银山。38 年来，三代人累计治沙造林 21.7 万亩，管护封沙育林草 37.6 万亩。八步沙旅游业、种植业、养殖业蓬勃发展，经济产值连年翻番。2019 年 3 月，中宣部授予“六老汉”三代人治沙造林先进群体“时代楷模”称号。

愚公移山的故事在中国流传了几千年，坚忍不拔的恒心壮志早已融入中华民族的精神血脉。漫天黄沙中，“治沙愚公”挺直脊梁，义无反顾。这片郁郁葱葱、不断延伸的沙海绿洲，是大地奉献给这个英雄群体的最高奖赏、最美勋章。

上“学习强国”，进一步了解红色故事

复兴路上的启明星

讲述人

闽西革命烈士纪念馆　廖素清

今年暑假，我和女儿来到了位于贵州的天眼景区，眼前的画面让我们惊呆了！“妈妈，这是外星人的家吗？”女儿好奇地问道。“不，宝贝，这是世界上最大的单口径射电望远镜！是一只神奇的大眼睛！说不定可以看到外星人哦！这可是我们中国人的骄傲！”

故事得从“天眼之父”南仁东说起。

1993 年，日本东京召开国际无线电科学联盟大会。外国科学家提出，要建造新一代射电望远镜，稳固西方国家在天文研究领域的霸主地位。

我国著名天文学家南仁东坐不住了，大胆提出：“中国要在宇宙探索中迎头赶上，从跟着跑成为领着跑，必须搞自己的大射电望远镜！”可那时，中国最大的射电望远镜口径只有 25 米，而南仁东的目标，是 500 米。就这样，年近 50 岁的他怀揣着梦想，舍弃高薪毅然回国，踏上了“中国天眼”艰难的建设之路。

为了选出性价比最高的台址，南仁东用了整整 12 年的时间，踏遍了贵州大山里所有的洼地。12 年，他足足为国家省下了 29 亿元。

解放鞋、拐杖，是他的标配。饼干、方便面，是他长期的午餐。《我们走在大路上》是他最爱和学生一起听的歌。

一次在考察洼地时，南仁东拄着拐杖，在山沟沟里艰难地爬行，就在这时，一股山洪如猛兽般直扑而来。他脚下一滑，滚下数十米高的悬崖。“小心啊，老师！”身边人吓出一身冷汗，幸运的是，两棵小树挡住了他瘦弱的身体。“我命大，天眼没建好，阎王爷不会把我收走的。”这样的艰险，12 年来时刻伴随着南仁东。

直到有一天，南仁东病倒了，肺癌晚期。那一年，他 70 岁。尽管身体不适，但他还是坚持在施工现场，指导安装工程。

2016 年，在中国天眼举行落成启用典礼的前一天，身体已经十分虚弱的他执意要先去看看“中国天眼”建成后的模样。

那天，贵州高原黄昏的夕阳又大又圆。戴着安全帽的南仁东用尽了全身力气，一步一步缓缓向天眼走去。

是啊，这一步一步，从壮年走到了暮年，把一个朴素的想法变成国之重器，成就了一个国家的骄傲，也让“天眼”成为中国

南仁东精神，永远照亮中华民族的伟大复兴之路

乃至世界的科学地标。

如今，世界上单口径最大的射电望远镜已向苍穹睁开“天眼”，而他，却永远闭上了双眼。也许，他只是太累了。也许，他只想化作星辰，与“天眼”长伴！

南仁东朗诵过这样一首小诗：

> **春雨催醒了期待的嫩绿，夏露折射万物的欢歌，秋风编织七色锦缎，冬日下生命乐章延续着它的优雅，大窝凼时刻让我们发现，给我们惊奇。**

2019年新年前夕，习近平总书记在发表新年贺词时说：“此时此刻，我特别要提到一些闪亮的名字。今年，天上多了颗‘南仁东星’……”是啊，在浩瀚的宇宙中，编号为“79694”的小行星，是南仁东先生！

这是一颗点亮强国梦的启明之星，南仁东精神，永远照亮中华民族的伟大复兴之路！

上“学习强国”，进一步了解红色故事

“和平方舟”温暖了世界

讲述人

国家超级计算无锡中心　徐丽华

2017 年 9 月 21 日，西非国家塞拉利昂的深夜。中国妇产科专家胡电，正在给当地一位患有妊娠期糖尿病的孕妇做紧急产检。她发现这位准妈妈的情况非常不好，胎儿已经出现了缺氧症状，如果不及时动手术，孩子很可能死亡。她对护士说：“马上准备手术！”连日来的超负荷工作，让胡电旧伤复发，多站一会儿腰椎就会钻心地疼，可是在两条生命面前，胡电坚持在自己的腰上绑了钢托，胳膊上打着点滴，就这样她走进了手术室。

这是一场与时间赛跑的手术。虽然之前大家做足了准备，但实际情况远比料想的还要危险：孕妇的子宫内，羊水几乎没有了，胎盘大范围钙化，因为脐带绕颈，孩子被勒得脸色发紫……这一幕，让曾经参与过汶川抗震救灾，从死神手中抢回过 4 个地震宝宝的胡电，也暗暗吸了一口凉气。幸好！幸好还来得及！……8 分钟后，随着一阵响亮的啼哭，一个 6 斤重的婴儿出生了。

后来，这个小宝宝有了一个名字——和平。因为他出生的这一天，正好是世界和平日，而他出生的地方，就是来自中国的“和平方舟”号医院船。孩子爸爸说：“感谢中国，我一定要告诉孩子，是中国军医带他来到了这个世界……”

其实，小和平并不是第一个出生在“和平方舟”上的新生儿。作为中国自行设计建造的大型海上医疗救护平台，自 2008 年入列以来，“和平方舟”航程超过了 24 万海里，到访过 43 个国家，接诊病患超过 23 万人次。

“建设一支强大的现代化海军，需要大洋砺剑，同样需要‘生命之舟’扬帆。”十多年来，“和平方舟”载着中国对和平的渴望、对生命的尊重，将和平的橄榄枝送往世界各地。超级台风“海燕”重创菲律宾时，它是最快抵达的外国医疗救援力量；中国海军护航亚丁湾时，它为官兵们的健康护航；它每到一国都会掀起一股强劲的“中国风”。

2015 年 11 月 17 日，“和平方舟”到访墨西哥。就在 465 年前的同一天，一艘载有中国丝绸、香料的商船也来到这里，被人们亲切地称为“中国之船”。历史总是惊人的相似，新时代的中国之船“和平方舟”的航迹，正是中华民族“协和万邦”的基因传承。

“和平方舟”载着中国对和平的渴望、对生命的尊重，将和平的橄榄枝送往世界各地

在东帝汶，一位战火中右肩中弹、疼了26年的当地老兵，经过“和平方舟”中国医生治疗，终于成功取出弹片。5天后，当“和平方舟”即将离开东帝汶时，战士们看到了这样难忘的一幕：老人突然出现在甲板上，他缓缓跪下，将脸贴在甲板上，轻轻亲吻着甲板，任由泪水重重地落下……

“美美与共，天下大同。”2013年，习近平总书记首次向世界提出构建人类命运共同体的倡议。如今，这一倡议正在得到越来越多国家的赞同与支持，而“和平方舟”，就是“推动构建人类命运共同体的生动实践”。这艘属于中国海军，但没有大炮、没有导弹、没有鱼雷的医院船，正如一张温暖的“中国名片”，向世界展示着中国负责任的大国形象。它，就是一艘希望之舟、生命之舟、友谊之舟。

上“学习强国”，进一步了解红色故事

山河记得你

讲述人

淮海战役纪念馆　魏天梅

在朝鲜的栎沼河畔，有一个普通的小山村，60多年前，中国人民志愿军战士罗盛教，将他21岁的年轻生命，永远留在了那里。

在中国的资江岸边，也有一个普通的小山村，这是罗盛教的家乡。1949年，他在这里参加了解放军，1951年，又随志愿军入朝作战。看到敌人的炮火，每天都在吞噬朝鲜百姓的生命，罗盛教心如刀绞。他暗下决心，一定要赶走侵略者。在朝鲜的日子里，他泅渡江河架浮桥，冲入火海抢救妇女儿童，还用身体为伤员挡子弹。在日记中，他写道："当我被侵略者的子弹打中以后，希望你不要在我的身体面前停留，应该继续前进，为千万朝鲜人民和牺牲的同志报仇！"

1952年1月2日清晨，冰雪覆盖了栎沼河。河面上有四五个少年正在滑冰，享受着战火中难得的片刻安宁。此时，罗盛教正在附近准备练习投弹。突然，从孩子们滑冰的地方，传来了惊慌的呼喊声。只见那处冰面上，裂开了一个冰窟窿，一个孩子落水了，正用手拍打着水面，眼看就要沉入水中。罗盛教见状，甩掉棉帽，立即飞奔过去，他边跑边脱棉衣，冒着零下20摄氏度的严寒，毫不犹豫地跳入冰冷刺骨的河水中。他摸索一会，就把头露出水面换口气，可接连几次，都没能找到落水的孩子。此时，他已冻得浑身打战，眼看着快坚持不住了。可是，孩子还在水底下！他深吸一口气，憋足了劲，再一次扎进河里。终于找到孩子了，他用双手和头拼命把孩子往上顶，想把孩子托上冰面，但冰面又一次坍塌了。一次、两次、三次，罗盛教筋疲力尽，但两人还是没能脱险。

这时，战友吃力地拖来半截电线杆。看着奄奄一息的孩子，罗盛教知道，这是唯一的机会了，他咬紧牙关，用尽最后的力气，把孩子推向电线杆，孩子得救了。而他，却再没力气浮出水面。

战友和乡亲们闻讯赶来，打破冰层，搜寻罗盛教，等找到他时，任凭周围的人们如何呼喊，他的双眼再也没能睁开。村里的老百姓像失去亲人一样痛哭不已，一位老阿妈含着泪说：“在这条河边，侵略者用炮弹夺走了我们亲人的生命，在这条河里，罗

岁月长河，英雄事迹永不磨灭；时代变迁，英雄精神熠熠生辉

同志为救我们的孩子，献出自己的生命。乡亲们，我们世世代代，都要记住他的名字。”村民按照朝鲜最隆重的葬礼，安葬了罗盛教。

随后，朝鲜政府追授罗盛教一级国旗勋章和一级战士荣誉勋章，将栎沼河改名为“罗盛教河”，安葬他的山，改名为“罗盛教山”。志愿军领导机关为他追记特等功，并追授“一级爱民模范”称号。在中华人民共和国成立 70 周年之际，罗盛教获得“最美奋斗者”表彰。

岁月长河，英雄事迹永不磨灭；时代变迁，英雄精神熠熠生辉。“崇尚英雄才会产生英雄，争做英雄才能英雄辈出。”今天，我们再讲罗盛教的故事，就是要继承和发扬英雄精神，凝聚追梦圆梦的磅礴伟力，创造无愧于伟大时代的新辉煌！

上“学习强国”，进一步了解红色故事

钢铁后盾

讲述人

叶挺纪念馆　刘海伦

1950 年，我曾经所在的原 38 军，正在抗美援朝战争第二次战役的西线战场上和敌人浴血奋战、殊死搏杀，硬是靠着一股气打败了武装到牙齿的敌军，但由于敌人牢牢掌握了制空权，敌我双方武器装备差距太大，我们还是付出了极其惨痛的代价。我在想，如果当年我军能有和敌人抗衡的武器装备，会少牺牲多少战友啊！

在部队的一次报告会上，我了解到了罗阳的事迹，才知道有一批像他那样默默无闻的军工人，在我们军人背后为部队的武器装备忘我奋斗着，让我们这支队伍的钢越来越多，气也越来越足。他的事迹深深感动了我，也教育了我。

我才知道，作为航母舰载机研制现场总指挥的罗阳，最大的梦想就是让中国航空工业和世界最强者的差距，从“望尘莫及”到“望其项背”，力争能够“并驾齐驱”，再也不受别人欺负。为此，他放弃民品设计的优厚待遇，毅然决然地留在军工单位，拿着一个月几十块钱的工资，默默积蓄力量，和团队一起从零起步，突破了几百项关键技术，最终成功研制出歼 -15 舰载机。

我才知道，舰载机每次着舰时，外人看到的是雄健的身影，航母上的人感受到的却是巨大的震动和难以忍受的轰鸣。而每次训练罗阳总想着离得近些再近些，零距离观察舰载机着舰的落点和状况，谁也不知道他的心脏承受着一次次怎样的冲击！但对他来说一切的承受都值得。当歼 -15 成功着舰的那一刻，一向内敛沉稳的罗阳与飞行员紧紧拥抱在一起，这个 50 多岁的汉子竟然流泪了。

我才知道，罗阳把生命中的最后 7 天印刻在了航母的甲板上。为参加舰载机的首次试飞任务，他刚结束珠海航展就连夜赶往大连登上辽宁舰了解飞机状况，像对待孩子一样不厌其烦地检测数以万计的零件数据，研究百万道工序可能遇到的问题，连续 7 天都工作到凌晨 3 点钟。他对同事说得最多的就是：“我们生产的战机，一手托着国家财产，一手托着战友生命。”然而，辽宁舰胜利返航的那一天，罗阳没有像往常一样按时起床，也没有按惯例跟大家热烈拥抱，只是和眼前几个人微笑着握了握手，这是他生命中最后的画面。3 个小时后，罗阳因积劳成疾，突发心梗，永远离开了我们。

千千万万像罗阳这样的军工人是人民军队坚实的钢铁后盾

罗阳走了，上万名员工和家属自发地肃立在零下十几度的严寒中，迎接他回家，从下午一直等到晚上 9 点多钟，没有人离开。近千辆汽车整齐排列在试飞机场跑道两侧，同时打开大灯，为他照亮了回家的路。辽宁舰长时间鸣响汽笛，官兵在飞行甲板上整齐列队，以最高规格的礼仪，向歼-15 研制现场总指挥、航空英雄罗阳行军礼，表达最崇高的敬意！

正是因为有千千万万像罗阳这样的军工人，我们的武器装备才能领先于世界，我们这支军队才会更加强大。有了这样一个坚实的钢铁后盾，气吞山河的人民军队一定会夺取新时代伟大征程中一个又一个新的胜利，请党和人民放心！

上“学习强国”，进一步了解红色故事

一把焊枪，为中国梦“加速”

讲述人

东北沦陷史陈列馆　王　月

各位朋友，您还记得上一次乘坐绿皮车是什么时候吗？您还记得，那时候从您的家乡到北京要多长时间吗？如今，以高铁为代表的大国重器给我们带来了舒适便捷，让精彩世界就在眼前。

复兴号动车组是世界上大规模运行的最快动车组，最高时速可达 350 公里。而这，正是由超过 17 万名大国工匠刷新出来的中国速度。今天我向您介绍的是他们当中的一位——全国劳动模范、“感动中国”2016 年度人物李万君。

让我们把时间的指针拨回 1987 年。那时候，李万君刚刚毕业，被分配到长客焊接车间水箱工段工作。当时厂里流行着这样一句顺口溜：“远看像逃难的，近看像要饭的，仔细一看原来是水箱工段的。”夏天，他们披挂着厚重的帆布工作服，扣着封闭的焊帽，喷射着 2300 摄氏度的火焰，烤得人上不来气儿；冬天，他们在水池子里作业，脚上穿着水靴子，身上挂着一层冰。不到一年，同一批分来的 28 个同学中就走了 25 个。

这时候，曾 7 次获评厂劳模的父亲给李万君写了一封家书：“爸爸是工人，知道你的工作又苦又脏又累，更可怕的是，一不注意，电焊打着眼睛遭罪啊……脏或累，活儿总得有人干。大家都走了，谁来完成任务啊。灯在光天化日下不能引人瞩目，只有在黑夜才显示他的光辉。”寥寥数语，饱含了老一辈工人无私奉献的劳模精神。从此，李万君的双手再也没有放下那把焊枪。

2008 年，长客公司引进德国动车组技术，但能与之匹配的高技能工人却一时难求。李万君主动发挥劳动模范作用，带领 400 多名学生考取国际焊工证。那时他常常彻夜不眠，上厕所都一路小跑，生病了就用药顶着，体重掉了 20 多斤。为了看清徒弟的操作手法，李万君一整个晚上都没有带护具。那可是几千摄氏度的电焊光在四面散射啊！他的徒弟说：“我看到师傅的眼睛开始红肿、淌眼泪，就为了教我焊试验片，我是又感动又自责啊！”终于，在李万君的努力下，400 多名学生全部提前半年考取了资格证书。德国焊接大师惊叹：“真是世界培训史上的奇迹！”

2015 年，长客公司要试制生产具有完全自主知识产权的中国标准动车组。被称为复兴号“腿脚”的转向架焊接直接决定成

李万君等大国工匠所展现出的劳模精神，为中国梦加速

败。李万君身先士卒，誓要填补中国在这一技术领域的空白。一把焊枪，一双妙手，千度烈焰，万次攻关，不服输的李万君，最终摸索出了“一枪三焊”的新方法。这一枪焊出了世界新标准，焊出了复兴号批量生产，焊出了中国从此打破外国高铁技术的垄断。

2017 年 9 月，当复兴号动车组在京沪高铁惊艳亮相时，李万君流下了热泪，他深情地说：“在这宽敞明亮的车厢里坐着都能感受到祖国的强大。”

如今，中国高铁已经成为“中国制造”走出去的一张亮丽的金名片，受到世界各国尤其是“一带一路”沿线国家和地区的关注和赞誉。在这背后，有无数个和李万君一样的劳动者爱岗敬业、争创一流，艰苦奋斗、勇于创新，淡泊名利、甘于奉献，而这就是劳模精神最生动的体现。

“不要人夸颜色好，只留清气满乾坤。”这是习近平总书记在讲话中引用的诗句。它彰显的是一个大党、一个大国自信的气质，传递的是苦干、实干的劳模精神。在今天，请和我一起倾听李万君同志向我们发出的时代号召！

精于工、匠于心、品于行！让我们共同为中国梦加速！

上“学习强国”，进一步了解红色故事

对国家的忠，就是对父母的孝

讲述人

兴安盟内蒙古自治政府纪念地　李思宇

有这样一位无私奉献的共产党员：他是“共和国勋章”的获得者，他曾为国家核潜艇事业隐姓埋名、以身许国，在一穷二白的情况下研制核潜艇，使中国成为第五个拥有核潜艇的国家，他就是中国核潜艇之父黄旭华。他让中国人的脊梁挺得更直了，可他，却在父母和兄弟姐妹面前，愧疚难当……

1957 年，黄旭华回老家过春节。母亲拉着他的手说：“我和你爸都老了，你们要经常回来看看……”黄旭华点头答应。1958 年春，研究所通知他到北京开会，在这次会上，年轻的黄旭华被任命为核潜艇研制总工程师。因为国家需要，他从此倾心竭力于核潜艇事业，整整 30 年再也没有回过家。父母多次写信问他，到北京去干什么工作？可因为工作的保密性，他一直闭口不答。由于不能回到父母身边尽孝，黄旭华每逢节日都会给老人寄去十元钱。他只能以此来表达孝心。可父亲生气地把钱退了回来，这让黄旭华心中五味杂陈，还不能多作解释。后来，父亲因病重到北京看病，父母和兄弟姐妹除了 145 号信箱外，没有他的任何联系方式。等他收到消息时，父亲已经去世半年了……父亲到死都不知道儿子在做什么，老人家是带着埋怨和不解走的。在父母兄妹眼中，这样的黄旭华，就是个忘恩负义的不孝子。

直到 1987 年，黄旭华隐秘 30 年的生活才渐渐显露于世。长篇报告文学《赫赫而无名的人生》，发表在杂志上，其中详细地介绍了中国核潜艇总设计师的人生经历。黄旭华把杂志寄给了母亲。母亲一看，里面所讲的黄总设计师，就是因 30 年没有回过老家，而被弟弟妹妹误解忘记了养育他的父母的那个不孝的三儿子。母亲戴着老花镜，一而再、再而三地阅读这篇文章，满脸泪水，又自豪不已。她把子女召集过来，郑重地对大家说："三哥的事情，大家都得谅解！"

1988 年，62 岁的黄旭华终于有机会回家。见到儿子的那一刻，95 岁的老母亲激动得说不出话来。她终究还是一个母亲，即使再为儿子骄傲，也无法弥补这 30 年的空白。但她却从未埋怨过一句，直到临终前，还对儿子说："你瘦了！"

为了核潜艇，黄旭华亏欠了三代人！他让父亲牵肠挂肚，是家中的"逆子"，直到临终老人都在盼他回来；他让母亲熬白了发，一别就是 30 年，再次相见两人都已满脸皱纹；他让妻子哭

黄旭华用实际行动诠释了对国家的忠，就是对父母最大的孝

红了眼，既当妈又做爹，独自撑起整个家；他让女儿等了又等，公园划船的承诺至今没有兑现……黄旭华说：“对国家的忠，就是对父母最大的孝。此生属于祖国，此生无怨无悔！”

“你的人生，正如深海中的潜艇，无声，但有无穷的力量！”黄旭华潜心研究无私奉献的精神，永远激励我们不忘初心、砥砺前行！

上“学习强国”，进一步了解红色故事

为民清单

讲述人

德州市冀鲁边区革命纪念园　马　洋

1970年的国庆前夕，一名西北汉子拖着病重的身体，站在了天安门前。这是他生命中最后一次参加国庆观礼。一个月后，他躺在病床上，用颤抖的手拿出一张泛黄的清单，递给了前来探望他的周恩来总理。清单上面写道："我今年47岁，打了整整32年的油，可惜以后再也不能为大庆为人民打油了。"

他，就是那个"拼命也要拿下大油田"，用受伤的身体搅拌泥浆、制服井喷的"铁人"——王进喜。

时光流逝，铁人精神代代相传。在我的家乡山东德州，有一位名叫王为民的油田工人，也用同样的方式谱写着他的人生清单。

1981年，深受"王铁人"影响的王为民调入胜利油田临盘采油厂，开启了他梦寐以求的"铁人"生涯。在工友眼中，他是一个普通得不能再普通的工人，每天穿着破旧的工装，骑上他那辆"大金鹿"自行车，往返于各个油井之间。勘察油场，油井维护，发现问题就立马记在随身携带的小本子上，提醒自己要尽快解决。多年的工作经验，让王为民清醒地认识到，作为新时代的石油工人，不仅要苦干实干，更要用心巧干，那就是搞技术革新。只有初中文化的他不放过任何一个学习的机会，通过各种方法学习钻研。条件艰苦，他为了研究节能器，把床铺掀起来当写字台，漏雨的工棚就成了实验室。就是在这样简陋的环境下，王为民先后创造了 30 多项技术革新成果，其中 5 项获得国家专利，他本人多次被评为“劳动模范”和“优秀共产党员”。

除此之外，王为民还是出了名的好心人，谁家有困难他都会帮上一把；一时帮不上的，也会记在本子上，一旦有条件了，就立马去完成。一个普普通通的石油工人，用仅有的工薪收入资助学校、救灾捐款，就连讨饭人的碗破了他都要帮忙补一补。

大家说他是“铁汉柔肠”，他笑着说：“我的名字叫为民，不就是为人民服务嘛！”

1997 年 9 月 14 日，王为民早早地来到试验井场，他要完成一项重要的任务——对革新的抽油机节能器进行安装试验。经过 5 个小时的忙碌工作，终于安装完毕。王为民起身舒了一口气，

在石油革新路上奔忙一生的“铁人”王为民，时时刻刻把为民服务放在心上

一脸兴奋地向工友们招手，然而就在此时，重达一吨的配电箱突然坠落，砸向了工为民……

噩耗传来，胜利油田和周围数百个村庄的群众自发赶来，悼念好人王为民。预计 600 人参加的追悼会，现场来了 3 万多人。其中有他资助过的学生、贫困职工，还有孤寡老人。人们不愿相信这名年仅 47 岁的铁汉就这样离开了。

在整理王为民的遗物时，家人翻开了他随身携带的那本破旧的本子，上面密密麻麻地记着他还没来得及完成的清单。“9 月 15 日，勘查 213 油站；21 日，临盘小学刘晓莉交学杂费；23 日，王大娘手术复查；30 日……”他的妻子捧着这些清单，泪流满面，“为民呐，你咋从来都不为自己啊”……

就是这样一个在石油革新路上奔忙一生的“铁人”，时时刻刻把为民服务放在心上，直到生命的最后一刻。

一张张为民清单，承载着多少共产党人不变的初心，也承载着多少“铁人”一心为民的情怀！

雄关漫道真如铁。正是因为有千千万万个王进喜、王为民式的人物，让铁人精神代代传承，用钢铁般的意志筑起了中华民族发展的脊梁，共同书写出新中国铁一样的精神和希望。

上“学习强国”，进一步了解红色故事

生活在信箱里的人

讲述人

新余市罗坊会议纪念地　孙　艺

朋友们，什么叫生活在信箱里的人？生活在信箱里的人又是什么人？故事要从一个姓王的小女孩说起。

这天，小女孩拉着妈妈问：爸爸到底在哪儿工作？在哪儿生活？我们怎么见不到他？妈妈笑着说：你爸爸呀，他在信箱里工作，是生活在信箱里的人。

问这话的女孩爸爸是著名核物理学家王淦昌。1961 年 4 月 3 日，国家二机部副部长钱三强找到刚从苏联回国的王淦昌，对他说：更名换姓，离开家去参加中国核武器的研究。王淦昌只说了一句话：我愿意以身许国。要改名，那就叫王京吧！

就这样，他离家化名王京，断绝了与外界的一切联系，作为核弹先驱，他的家人和他通信只能用这个名字，而他的通讯地址都是某某信箱。

早在 1958 年，时年 34 岁的邓稼先，告别妻子和 4 岁的女儿、2 岁的儿子，隐姓埋名，义无反顾地走进荒烟大漠，整整 28 年。

1964 年 10 月 16 日，中国第一颗原子弹爆炸成功。就在那一年的除夕夜，邓稼先在帐篷里与王淦昌相互敬酒，邓稼先说："老师，叫了王京几十年，让我叫一次王淦昌吧！"说完，两个人抱头痛哭。

1986 年 7 月 29 日，邓稼先因癌症晚期全身大出血。妻子许鹿希紧紧地抓住他的手，她在绝望的哭泣中，不相信地问：“我等了你 20 多年呐，就是这样吗？”邓稼先说：“要是有来世，我还选择这个事业，还选择你！”

无数像邓稼先一样伟大的科学家默默无闻、为国奉献，才有了如今祖国的繁荣昌盛。

为了祖国氢弹的研究，于敏隐姓埋名 30 年。就这 30 年，于敏让中国拥有了足以令世界敬畏的力量，成为中国氢弹第一人。

中国的“两弹一星”是 20 世纪下半叶中华民族创建的辉煌伟业。从原子弹到氢弹，美国用了 7 年 3 个月，苏联用了近 4 年，中国用了 2 年 8 个月，创造了世界奇迹。数以万计的科学家和军人，在茫茫无垠的西北戈壁上，隐姓埋名，艰苦奋斗，为了那声震惊世界的东方巨响，付出了青春、热血甚至生命。

祖国不会忘记那一个个光辉的名字

郭永怀，1968 年 12 月 5 日，他在做完热核弹头实验准备工作后飞回北京。飞机降落时失事坠毁，郭永怀不幸牺牲。牺牲时，他怀里紧紧抱着的就是那装有数据的皮包。

这就是“热爱祖国、无私奉献，自力更生、艰苦奋斗，大力协同、勇于登攀”的“两弹一星”精神。

远离亲人，隐姓埋名，默默奉献，矢志不渝，祖国不会忘记那一个个光辉的名字。

选　择

讲述人

邓小平故居　李　茜

我的父亲今年60岁。他曾是一名印刷工人，这一行，他干了15年。在我的记忆里，父亲身上永远带着一股浓浓的油墨味道，挥之不去。他双手上的茧来自那些年印刷所用的沉重铅块，掌纹里的黑色，是多年沉淀的油墨，已经28年了，它们还是留在这双手上。我记得那个时候印刷一张4版的报纸，父亲需要排版8个小时，不停地往返、更换铅字，一刻不能停，一刻不能坐，一天下来，头晕眼花、腰酸背痛。而在当时，日本已经在使用电脑排版，西方国家领先的技术团队，已经研制完成了第二代、第三代电子照排技术，甚至已经在研究第四代了，可我们采用的还是老旧的铅字印刷。

20世纪70年代的中国，书籍报刊算得上是“奢侈品”，因为我们的印刷技术极其落后，一本普通的图书从发稿到出版需要花费一年的时间，人们从印刷品中获知的信息量就只有西方发达国家的1%。可是国家要取得长足的发展，文化普及是首要任务，而印刷品的匮乏却成为我们最大的制约。怎么办？

1974年，一个身患重病、休养在家的科技工作者怀着极大的决心与使命，毅然投身汉字信息化工程。可是，研究应该从哪儿开始呢？

我们都知道，英文只有 26 个字母，但汉字，光常用字就好几千个，更别说还有字体的变化；何况当时计算机的存储水平极其有限，要将这么庞大的汉字信息存进计算机，谈何容易呀。所以，国内大多数人觉得，我们的研究应该从第二代电子照排技术开始，稳扎稳打，循序渐进。但是这位科技工作者不这么认为，通过详细的考察和计算，他决定跳过第二代、第三代，直接研究第四代！这个惊人的决定在整个国内印刷界掀起了狂澜，长期落后于西方的事实，让我国科学界产生了一种普遍思维，认为外国人都没搞出来的技术，中国人更不可能搞出来。几乎没人相信他能成功，各种冷嘲热讽接踵而来："一个小助教，还病着，这不是天方夜谭吗？""二代都没攻克就想搞第四代？那我还搞第八代呢！"

但是他不信邪：外国人能做的，中国人也能做；外国人做不成的，中国人可以成。正是带着这种敢为人先的首创精神，他顶住了来势汹汹的非议与阻碍，克服了资金短缺、技术封锁、人才

王选成功研制出的汉字激光照排技术，让中国古老的汉字进入了信息化时代

流失等困难，成功研制出了具有完全自主知识产权的汉字激光照排技术，一跃跨过国外 40 年的发展进程，彻底改变了我国印刷行业落后的状况，让中国古老的汉字进入了信息化时代。

那么，这个人是谁？

他是“改革先锋”，他是“最美奋斗者”，他是“汉字激光照排之父”，他是中国“当代毕昇”，他就是王选！

曾经有人问他：在那么困难的条件下，为什么你要作这样的选择？

他说，祖国需要的，就是我选择的。

如今，王选先生已经去世十多年了，但在北大西门附近的勺园，路过的学子仿佛还能看到当年的王教授正坐在柿子树下，撑着羸弱的病体，拿着一柄放大镜，在一遍遍地研究字模笔画，在找寻让“汉字进入计算机”的密码。

上“学习强国”，进一步了解红色故事

专业组优秀讲解员篇

高举红旗　渠成水到

讲述人

96601 部队军史馆　崔倩影

太行山深处的林县，严重缺水，常年颗粒无收，数以万计的人背井离乡，踏上了逃荒之路。水，居然比人命值钱；缺水，似乎已经成了宿命。

为了改变这一恶劣的状况，红旗渠于 1960 年动工，数以万计的林州人民在中国共产党的带领下，苦战 10 个春秋，硬是靠着一锤、一铲、一双手，在悬崖峭壁上，修成了这条“人间天河”。在那段岁月，81 位干部群众英勇牺牲，他们用生命和鲜血铸就了红旗渠精神。

吴祖太是林县为数不多的水利工程技术员。他每天忙得焦头烂额，就连结婚的日子也是一拖再拖。一天，当测量工作正紧张进行时，突然一个人跑过来对他说：“吴技术员，地委让你马上去开会！”吴祖太当时就说：“我哪儿顾得上啊，这么忙，换个人去不行吗？”“不行啊，点名让你去的，车都备好了。”

那时候，勘测队是没有车的。吴祖太一听车都备好了，立马感到事情重大，拔腿就走。等他上车后，接他的人才告诉他，妻子薄慧贞为了救一个小学生，不幸牺牲了。

当他见到妻子的遗体，整整坐了一天一夜，一句话也没有。此时，修渠工程正在关键时期，实在离不开他。他匆匆将妻子埋葬在了牺牲地，跪在坟前失声痛哭。他知道，自己必须走了，只有忍下眼前的痛，才能彻底终结林县的苦。他相信，妻子一定能理解他！

1960年3月28日这天，吴祖太的老母亲静静地等在家门口。不久前，修渠前线传来消息：施工隧洞突然塌方，儿子吴祖太被埋在落石下，牺牲了。两年之内，这位老人接连失去了女婿、儿媳、儿子三个孩子。当看到儿子的遗体时，老人并没有哭，她只是盯着儿子的脸，静静地看着、看着……突然，她举起了手中的拐杖，啪的一声打在吴祖太的遗体上，身边的人都惊呆了。她颤抖着双手，严厉地说："儿啊，渠修好了吗？你咋回来了？你不是说，渠修好了再回来看我吗？啊？！儿啊，别睡了，你给我起来，去把那渠……修好咯！"

吴祖太倒下了，但他立起的精神旗帜，却鼓舞着更多的人，

一锤、一铲、一双手，这条"人间天河"在悬崖峭壁上修成了

生死无畏、奔涌向前。1969 年，红旗渠终于圆满竣工，真像是一条大河天上来，换了人间。

半个世纪过去了，英雄们虽已远去，但红旗渠精神却历久弥新，一个又一个奇迹绽放在华夏大地。水渠是历史的见证，红旗才是永远的风景。高举红旗，渠成水到，未来的中国，还会有更多的红旗渠。

上“学习强国”，进一步了解红色故事

是　否

讲述人

中国共产党第一次全国代表大会会址纪念馆　吴佳妮

这是一份工作日程：

上午，到检察院落实涉黑案件公诉工作；

下午，慰问一线民警，安排节前工作；

晚上 8 点，到市局汇报扫黑专案；

9 点，回办公室签批文件，研究专案

……

大家看到的这份工作日程，是一名警察的工作日常。假如我告诉你，这份工作日程记录的，是一名年仅 49 岁的刑警生命中的最后一天，你会怎么想？

今天的这个警察故事，主人公叫杨春，生前是福建省宁德市公安局蕉城分局副局长。

2019 年 1 月 23 日凌晨，正在单位值班的杨春，因突发心肌梗死，倒在他钟爱一生的工作岗位上。

一年前，随着扫黑除恶专项行动在全国范围内展开，担任蕉城分局扫黑办主任的杨春，立刻不知疲倦地忙碌起来。每天上百个举报电话，他一条一条研究；每天晚上的案情分析会，他风雨不误天天参加；单位离家只有几百米，他却常常睡在办公室……

在他的带领下，仅用一个月时间，就破获一起涉及个案 33

起的重大涉黑案件，涉黑组织被连根拔起。铁证面前，所有被告都当庭认罪。这不仅是专项行动中闽东地区破获的涉黑“第一案”，也创下宁德历年来侦办涉黑案速度最快、涉及个案最多的纪录。

谁也想不到，这个蕉城刑警心目中的“定海神针”，在28年前加入公安队伍时，却只是个“临时工”——为了实现儿时当警察的梦想，杨春宁可放弃其他部门的正式编制。不过，几场硬仗打下来，领导和同事很快认可了这个在任务面前从不退缩、绝不含糊的“临时工”。28年来，杨春先后参与、组织侦破各类刑事案件3100多起，辖区命案破案率高达98%。

最危险的一次是在掩护队友抓捕主犯时，混乱中，杨春察觉到对方可能有武器，他毫不犹豫冲上去，一脚踩住嫌犯的手。上铐后，队友们发现，嫌犯手里握着一支上了膛的枪，枪里有5发子弹。

钢铁般的意志，造就了一位智勇双全的刑侦楷模、一身正气

肩上扛着使命，心中装着人民，这就是人民的忠诚卫士杨春

的扫黑英雄。不过，面对危险总是冲锋在前的“春哥”，每次在推优评奖的时候，却总是躲在后面。2007年杨春担任刑侦大队大队长之后，大队业务考评连续12年位列宁德市第一，90人次荣立个人二等功、三等功，成为一支响当当的刑侦铁军。而作为领头羊的杨春，个人立功却只有屈指可数的3次。

同事们都知道，杨春最喜欢的歌是《是否》。战场归来，名利当前，是上，还是让？对杨春来说，这样的问题从来不是问题——肩上扛着使命，心中装着人民，这才是新时代公安干警共同的价值追求。

有一年多了，杨春觉得胸口不舒服。家人和同事劝他去看医生，但他实在忙。“没事的，等我忙过这阵子。”“这次收网了，我一定去。”直到他走了，人们才发现，他的病历卡上“冠状动脉粥样硬化”的诊断下面，“患者拒绝”4个字是那么冰冷、刺目。

杨春走了，带着不悔的信念和无尽的眷恋。“是否这次你将一去不回头，走向那条漫漫永无止境的路？”

2019年3月15日，蕉城分局刑侦大队微信群里出现了这样一条微信：“春哥，‘8·1’专案今天成功转立‘3·15’专案，您的一件心愿，我们已了。您，一定走好！”

春哥还在，还在战友们的身边，还在老百姓的心里。

同舟共济　大爱无疆

讲述人

重庆红岩革命纪念馆　刘　帅

在一望无际的蔚蓝大海中，有一艘白色的巨轮总是格外引人注目：它身披红十字、舷号866，它被誉为中国名片、生命之舟！它，就是中国海军医院船——“和平方舟”。

一次次，它带着和平的守望起航；一次次，它满载动人的故事归来……

2017年9月21日，首次环非洲访问的“和平方舟”号，徐徐驶进塞拉利昂首都弗里敦港。

还来不及休整，军医胡电便来到岸上开始进行出诊工作。这时，一名身怀六甲的孕妇，引起了她的高度关注。经检查，这名孕妇患有妊娠期糖尿病！胎儿已出现宫内缺氧症状！情况十分危急！胡电决定，火速将孕妇转至“和平方舟”进行手术。

“快、快、快！孕妇体内的羊水太少，胎盘已出现大范围钙化，婴儿随时有窒息危险……”手术室里，空气似乎凝固了，一场同时间赛跑的生命救援展开了！消毒剂、麻醉药、止血钳、手术剪……，胡电全神贯注地进行着手术。1个小时，2小时，3个小时，6个小时！伴随着婴儿的一声啼哭，胡电悬着的心总算落了下来，看着转危为安的母子，她擦掉额头上的汗珠，欣慰地笑了。孩子的父亲手捧着刚刚出生的宝宝激动不已：“感谢中国！感谢中国海军！宝宝出生在‘和平方舟’，就给他取名——‘和平’吧！”

几天后，塞拉利昂总统科罗马知道了这件事，登船致谢。他饱含深情地说：“‘和平’宝宝给一个家庭、一个国家带来了希望。中国永远是塞拉利昂最可靠的兄弟！”

“和平方舟”的官兵们常年在寂寥的大海上昼夜航行，其背后是常人难以忍受的孤独和对家人的思念。舰长郭保丰对此深有体会。想家的时候，他就会拿出儿子的照片，想起每次外出执行任务时，儿子总爱问：“爸爸，你什么时候回来呀？”看着照片上儿子红扑扑的小脸蛋，郭保丰的眼眶湿润了。他始终记得，同样是军人的父亲曾说过这样一句话：“当兵的人，肩上扛的是国家大事。”是啊！当兵的人，肩扛的是国家大事！承担的是国家使命！彰显的是国家荣誉！

“和平方舟”一次次带着和平的守望起航，一次次满载动人的故事归来

“和平之舟，代言中国。”服役十多年来，“和平方舟”到访过40余个国家和地区，为23万人次提供免费诊疗。它展现出中国军人的无疆大爱！更展示出新时代中国的大国担当！

“和平方舟”以精湛技艺架起健康之桥，以爱心温暖架起友谊之桥，以助力发展架起希望之桥。它，以“和平”为名！他们，也必将以和平的名义再次乘风破浪、扬帆远航！

上“学习强国”，进一步了解红色故事

传　奇

讲述人

南昌市小平小道陈列馆　任　梦

朋友们，在中国这片传奇的大地上，每天都有传奇。今天我要讲述的传奇，是一个个的人，也是一个个的团队。

1954 年 5 月 11 日，西藏运输大队政委慕生忠带领筑路大军来到了格尔木这片荒无人烟的高原上。有人用铁镐敲了敲那比铁板还要硬的冻土问：“我们就用这个修路吗？”他坚定地回答：“对，就用这个修路！”

他们每人一把铁锹，每人一把铁镐，一锄一镐地从这里向世界屋脊开挖。

在距离格尔木 73 公里处的那神河畔，望着那幽深的峡谷，水流湍急，浪涛汹涌，令人不寒而栗。他们依靠几根粗圆木，架起了进藏的第一座桥梁。慕生忠冒着生命危险要亲自上车试行，被战士们拦下了。“政委，我们去！”慕生忠把自己常用的那把铁锹往泥巴上一插，说：“看看上面写了什么？”战士们伸头一看，只见锹柄上刻下了 5 个字：慕生忠之墓。他说：“如果我死在这条路上了，这就是我的墓碑。路修到哪儿，就把我埋在哪儿，头冲着拉萨的方向”。

看着这位身上有 20 多个伤疤的军人，战士们大声地呼喊起来：“政——委！”

慕生忠就是我们的“青藏公路之父”。

在海拔 6168 米的雀儿山，战士们一寸一寸地在冻土中掘进。就在那个寒冷的隆冬，300 名战士全部牺牲在雀儿山上。

张福林在小炮班负责爆破作业，他摸索出了一套在冰雪中高效爆破岩石的方法。不幸的是，一天，他在检查岩壁时被落石砸中，再也没有醒来。那天，他刚刚过完 25 岁生日。

在修建怒江大桥时，一名第 18 军的战士在夜里检查水泥凝固情况时，不慎陷入尚未凝固的水泥桥墩，当战友发现时，他仅剩一只手露在外面，而水泥已经凝固。战友们含着泪把这名牺牲的战士浇筑进怒江大桥的桥墩。

这就是我们的军人，这就是我们的英雄。他们让高山低头，叫河水让路。他们在崇山峻岭间向一个个高原天险发起冲击。

7 个月后，奇迹发生了，2000 多名筑路英雄，100 辆大卡车，直抵青藏公路终点——拉萨。格尔木至拉萨近 1200 公里，全线打通。1954 年 12 月 25 日，川藏公路、青藏公路全线贯通，

中国军人在崇山峻岭间向一个个高原天险发起冲击

成为中国筑路史上的一个传奇。

雪山见证，这是两条用鲜血和生命铺筑的天路，是筑路英雄用血肉写在高原上的誓言。公路沿线，长眠着为修路献出生命的3000多位英烈。

习近平总书记指出：英雄是民族最闪亮的坐标。新形势下，要继续“弘扬”两路精神。那就是一不怕苦、二不怕死，顽强拼搏、甘当路石，军民一家、民族团结。

生命已逝，精神永存。他们铸就的精神丰碑，早已深深刻入共和国的里程碑。

这是一个人的传奇，这是一个团队的传奇，这是一个民族的传奇。

“两路”精神，助推着“一带一路”的发展。

“两路”精神，激励着当代新长征人砥砺前行。

上“学习强国”，进一步了解红色故事

王杰的枪我们扛

讲述人
山西省八路军太行纪念馆　田悦慧

在我人民军队某旅集合训练的现场，当点到“王杰”这个名字时，全体战士齐声喊：“到！”在这里，这是传统，因为王杰是他们的老班长，更是人民军队“一不怕苦、二不怕死”的精神丰碑。

王杰，中共党员，1942 年出生在山东省金乡县，1961 年 8 月应征入伍。“我们要一不怕苦，二不怕死，做一个大无畏的人”；“当兵是为党、为人民、为祖国而来的，党指到哪里就冲到哪里，就是献上青春也没有怨言”……这些话，来自王杰生前所写的日记，他是这样写的，也是这样做的。

1965 年 7 月，王杰奉命到驻地执行训练民兵任务，在炸药发生意外爆炸的危险时刻，他张开双臂扑向了炸点，用身体掩护了 12 名民兵和人民武装干部，献出了 23 岁的年轻生命。

一个人死后能让人记多久？习近平总书记强调：“王杰精神过去是、现在是、将来永远是我们的宝贵精神财富，要学习践行王杰精神，让王杰精神绽放新的时代光芒。”半个多世纪过去了，英雄铸就的“两不怕”精神，已穿越时空，鼓舞着无数官兵为保卫人民奋勇向前！

时间定格在 2008 年 5 月 12 日汶川大地震，震中地带茂县通信中断，道路阻绝，灾区人民的生死安危牵动着全体官兵的心。为了快速开展救援工作，空降兵部队临危受命，15名官兵写下遗书，义无反顾地登上飞机。“妈，倘若不幸牺牲，您要相信，在您看不到的地方，我一直为您守护，就像您守护我长大!”“爸，我首先是一名军人，其次才是您们的儿子，生为军人，死为军魂，我只有一个请求，你们一定要照顾好自己，不要太过悲伤，请你们为我骄傲!”……

5月14日上午，5000米的高空上浓雾翻滚，飞机紧贴着山边飞行，没有地面标识物，没有准确气象资料，环境十分恶劣，这种情况在从前的训练中从来都没有出现过。15名勇士心里都清楚，这一跳很有可能是和亲人的永别！就在那一刻，勇士们微笑着竖起大拇指，毅然决然地跃出了那惊天一跳！

勇士们用自己的实际行动践行了“一不怕苦、二不怕死”的王杰精神，第一时间勘察、上报了当地的灾情，为开展救灾工作

“一不怕苦、二不怕死”的精神穿越时空，鼓舞着无数官兵为保卫人民奋勇向前

提供了准确的情报，这是新中国成立以来，我军第一次在抢险救灾中实施伞降，在世界跳伞史上也是绝无仅有的。

“王杰的枪我们扛，王杰的歌我们唱……”这首雄壮的歌曲传唱至今，歌声越来越洪亮，内涵越来越丰富。“一不怕苦、二不怕死”，一个响亮的口号，一种永恒的精神，正激励着全党、全军和全国人民在新时代的征途上阔步前行！

上“学习强国”，进一步了解红色故事

我为祖国献石油

讲述人
武昌区毛泽东旧居及中央农民运动讲习所旧址纪念馆　熊思宇

“宁肯少活二十年，拼命也要拿下大油田。”铁人王进喜气吞山河的誓言今犹在耳，振聋发聩。而今，第三代“铁人”李新民传承铁人精神，“宁肯历尽千难万险，也要为祖国献石油”。为谋求与各国的互利共赢、共同发展，2006年春节刚过，作为1205钻井队第十八任队长的李新民，就带领队友义无反顾地出征海外，他们要实现老队长铁人王进喜生前的夙愿，“把井打到国外去”！

出国打井找油，难不难？

“难！”李新民回答，“但，走出去，就得豁出去！有大庆精神、铁人精神在，就没有迈不过去的坎，就没有树不起来的旗”。

李新民出国打井的第一站是苏丹。苏丹被称作“世界火炉”，常年高温，且战乱不断。李新民和队友一下飞机就马不停蹄地赶到码头准备清关，可万万没想到的是，运送设备的船遭遇特大风暴，包括发电机在内的钻井设备受损。甲方得知后认为开钻期限内设备不可能修好，要求中方撤离井场。这意味着，1205钻井队可能一口井还没打就得卷铺盖走人。

李新民一夜没合眼，心中有一个坚定的信念，绝不能砸铁人队的牌子、丢中国人的脸！要像老队长那样，有条件要上，没有条件创造条件也要上！刚强倔强的李新民朝队友们一挥手，说："跟我上，以最快的速度清关！"他带领队友坚守在货船上，没日没夜拼命干，饿了啃块饼，渴了喝口水，困了打个盹。每天喝十七八瓶水，不等上厕所就都变成汗排出来了。就这样，上百部设备、上千吨钻具，6 个人，6 天，完成了清关！

接着，冒着流弹袭击的危险，李新民开着一辆皮卡车三天跑了上千公里，终于借来一台待修的发电机开始紧锣密鼓地改装调试。他们个个都豁了出去，24 小时连轴转，白天战高温，夜晚战蚊虫，还要时刻提防流弹袭击。终于，发电机修好了！钻机启动了！仅用 17 天就拿下了海外的第一口井，中国速度令外方彻底折服！完钻这天，望着"钢铁钻井队"的旗帜郑重地挂在苏丹井架上，这群大男人抱成一团，泪流满面。他们冲着祖国的方向大声呼喊："老队长，1205 队出国打井的梦，我们圆了！"

李新民和队友发出了"我为祖国献石油"新时代的最强音

2010年，李新民又带队征战战火纷飞、竞争激烈的伊拉克。在国际市场顽强拼搏的十多年里，恐怖袭击时有发生，他曾经三次直面冰冷的枪口。尽管他们常年穿着防弹背心打井，却仍有队友不幸遇难牺牲，把青春和热血永远地留在了异国他乡。但是，重重困难和危险丝毫没有动摇李新民和队友的顽强意志，当国家和事业需要时，他们选择的是一如既往地奉献和坚守。他们刷新了42项纪录，两度获得外国政府颁发的最高荣誉，项目覆盖26个国家和地区，用实力赢得了市场，赢得了竞争对手的尊重，树立了“中国铁军”的品牌形象。

他们生动诠释了铁人精神“爱国、创业、求实、奉献”的时代内涵，发出了“我为祖国献石油”新时代的最强音！也正是他们，把中国精神、中国价值、中国力量传向世界，展现了中国在推动构建人类命运共同体中的大国担当！

上“学习强国”，进一步了解红色故事

劳模吴天祥和他的“穷亲戚们”

讲述人
辛亥革命武昌起义纪念馆　陈　清

1997 年一个春寒料峭的上午，武汉市武昌区的一栋居民楼房里，一下子涌入了 30 多个汉子，他们满面愁容，步履匆匆。“快看呀，老吴家的‘亲戚’们又来了！”邻居们纷纷议论起来。而此时，习以为常的老吴煮了 18 斤肉丝面，解决了大家的午餐问题。老吴家怎么会有这么多“亲戚”呀？他们来找老吴究竟为何？原来，这些汉子都是来请老吴帮忙解决工作的下岗职工。而大家口中的老吴，正是武汉市特等劳动模范、新中国成立 70 周年“最美奋斗者”，也是武昌区的信访干部——吴天祥。

自从到了信访局，吴天祥每天早上 7 点钟都会准时到办公室，接待来访群众。数十年来，他已经写了几十本民情日记，先后照顾过 26 名孤寡老人和 6 名孤儿。也因为信访工作，他结下了 300 多名“穷亲戚”。

看着家中的这些下岗职工，吴天祥深知责任重大。他身先士卒，多方调研。一到节假日，就骑着他那辆破旧的自行车，满大街转悠。一天下班后，他看到一家馒头店生意不错，便向老板认真请教。最后，他一口气买下了 150 多个馒头，回来分给了几十个下岗职工，并鼓励大家说：“下岗不可怕，可怕的是观念不变！”他又拿出了 1000 多元钱，帮助他们开起了馒头铺，解决了再就业难题。

现年 90 多岁的卢婆婆，自老伴去世后孤寡一人，20 多年前高血压中风，被房东赶了出来，群众走投无路把她送到信访办公室。吴天祥了解情况后，主动把老人接到自家照料。每天清晨起来的第一件事就是给老人倒尿壶。人们常说：久病床前无孝子，连儿女都难以做到的事情，吴天祥一干就是 20 多年。邻居们问卢婆婆：“吴天祥是不是您的儿子？”她笑眯眯地说道：“他可比儿子还要亲哟！”

下岗工人黄成凤是吴天祥 1996 年结下的“穷亲戚”。当时她生活困难，吴天祥帮她担保贷了款，在农村办起了养猪场，支持她创业。20 多年来，每到过年，吴天祥都会去农村当猪倌，换黄成凤回武汉与家人团聚。吴天祥的孙女常常抱怨道：“爷爷，我长到 18 岁，居然没见过您在家里吃一顿年夜饭。”吴天祥却说：“爷爷是一名共产党员，不能只想到自家的团圆，还要考虑

信访干部吴天祥结下了 300 多名“穷亲戚”

万家团圆哪！”

是啊！“民之难即党之忧，共产党的干部就是要为党分忧，为民解难。”吴天祥就是这样数十年如一日地诠释着他心中“为人民服务”的信条。如今已经75岁高龄的吴天祥，依然义务坚守在信访接待的岗位上。在他精神的感召下，湖北省成立了一万多个“吴天祥小组”，十万多名小组成员常年活跃在荆楚大地上，他们用实际行动践行着爱岗敬业、争取一流，艰苦奋斗、勇于创新，淡泊名利、甘于奉献的劳模精神，昂首迈步在实现中华民族伟大复兴的征程上！

上“学习强国”，进一步了解红色故事

隐秘的伟大——黄旭华

讲述人
淮海战役纪念馆　梁天琪

2019 年 9 月，我光荣承担庆祝新中国成立 70 周年成就展的讲解任务。在我国自主研制的第一艘核潜艇模型面前，很多观众都会停下脚步，看上好久。就是这艘核潜艇，早在 1985 年底，就创造了水下航行 90 天的“世界第一”，至今未被打破。每当我介绍到这里，都会问观众一个问题：“你们知道这艘核潜艇是谁设计的吗？”大部分观众还真答不上来。今天，我就要给大家讲一讲这艘核潜艇的总设计师——黄旭华的故事。

1958 年的一天，32 岁的黄旭华被一纸通知召集到了北京，参与高度保密的国防尖端工程——研制导弹核潜艇。组织上要求大家做好准备，一辈子隐姓埋名，不能对任何人泄露丝毫信息，包括他们的家人。在那个年代，西方国家对中国的态度是：和核潜艇有关技术，一个字也不会透露给中国。作为副总工程师的黄旭华，连核潜艇长什么样都没见到过。没有实物怎么办？他们就把美国的玩具模型拆解开来做研究；没有数据，就用古老的算盘手工计算；没有设备，就用磅秤一斤斤称出材料重量。黄旭华和他的团队，用最土的方法寻求突破，用共产党员的坚定信念攻坚克难！

1970 年，中国第一艘核潜艇顺利下水！

1988 年，中国核潜艇水下发射运载火箭试验成功！

核潜艇的设计研发一次次取得成功，可这些喜讯，黄旭华却从来无法当面告诉自己的双亲。他 30 年没有回过老家，30 年没有见过父母。30 年来，他成了亲戚口中的“不孝子”！

中国战略核潜艇的情况渐渐被报道出来，黄旭华给母亲寄去一本杂志，那上面有一篇关于中国核潜艇总设计师的介绍文章，家人看到这位设计师姓黄，他的爱人叫李世英，终于明白了，这 30 年，他们日思夜想的三儿子，他们的三哥，是在为祖国从事着一份隐秘而伟大的事业！

1995 年，黄旭华接到母亲病危的消息。在南下的列车上，他思绪万千，父亲去世，黄旭华没有回家，二哥去世，他还是没有回家。而这次，他一定要见到母亲最后一面。病床前，黄旭华紧紧握住母亲的手，泪如泉涌。这么多年未能尽孝，这么多年未

让家人日思夜想的黄旭华，是在为祖国从事着一份隐秘而伟大的事业

报亲恩，这么多年对黄旭华自己来说，又何尝不是一种煎熬！3个小时后，母亲安详地走了。弟弟冲着三哥，说不清是埋怨，还是安慰：“你如果不回来，妈妈是不会走的！你一回来，妈妈看到你，她才会走得安心呀！”

今天的中国核潜艇部队，犹如深海蓝鲨，守卫着祖国的辽阔海疆，守护着人民的日夜安宁。在我给观众介绍“共和国勋章”获得者、新中国“最美奋斗者”黄旭华时，我都会用他自己的话作为结尾——自古忠孝难两全。但有国才有家，没有家，孝又从何谈起？我为祖国尽忠，就是对父母最大的孝！

上“学习强国”，进一步了解红色故事

“小巷总理”——谭竹青

讲述人

东北沦陷史陈列馆　王　漫

泥泞的小胡同，低矮破败的棚户房，这是40多年前的十委社区；而现在，道路整洁，高楼林立，您能想到这是同一个地方吗？有一位普通的妇女带领小区居民打造了一个脱胎换骨的十委社区。她就是长春市二道区东站街道十委社区主任、全国劳动模范、新中国成立以来100位感动中国人物之一的“小巷总理”——谭竹青。

当初，为改变十委社区落后的面貌，谭竹青决定从经济抓起！她的想法一出，社区的一名干事说：“老主任，这想法是挺好，可咱社区穷得连办公用品都买不起，两手空空，靠什么发展？”

谭竹青说：“是党员，就要想着群众的难处，是干部，就不能怕遇到困难，不然，要我们干什么？”

谭竹青的话掷地有声。她拿出了家里仅有的450元，其他干部也跟着把自己家准备给儿子办喜事、买电视机的钱都拿来了。

为了省钱，她带着十委社区的老干部和部分待业青年推着手推车，走街串巷捡砖头，上河边挖沙子。功夫不负有心人，1981年，十委社区的第一个店铺——如意小吃部终于开张了。

靠“燕子垒窝”式的艰苦奋斗，十委社区终于有了几万元的积蓄。谭竹青又带领大家办起了麻花工坊、鞋厂、皮革厂，创建了 3500 平方米的室内综合市场。

从筹建如意小吃部的 450 元，到如今的 17 家企业、近 3000 万元资产，谭竹青没向国家要一分钱，没向银行贷一笔款，上级奖励给她个人的 15 万元，她也分文不取，全部用在十委社区经济发展和困难户救济上。她总觉得自己这个“小巷总理”“劳动模范”，还可以为居民做得多些、再多些。

在谭竹青心中，居民的事比天大唯独不为她自己着想。十委社区附近没有幼儿园，很多年轻妈妈要走很远的路送孩子，还要赶着上班，常因赶不上公交急得直哭。谭竹青看在眼里、急在心上，一天到晚琢磨这事。

她找技术人员设计出了幼儿园的图纸，却在实地选址测量时遇到了麻烦，因为正好需要拆掉她家的半边房。有人劝她：“老主任，咱把设计缩小点。”老伴儿也说：“你看看，你当了一辈子

“居民的事是大事，不能让孩子们受委屈”，在谭竹青的努力下，幼儿园最终建成了

主任，你给咱家干啥好事了，这上有老下有小的，七八口人上哪儿住啊？”儿媳妇也想不通：“妈，哪有拆自家房给公家建幼儿园的道理啊？”可谭竹青坚持说：“居民的事是大事，自家的事怎么也好凑合，不能让孩子们受委屈。”

幼儿园按原计划建成了，社区的年轻妈妈们再不用为孩子上学的事发愁了，可谭竹青一家人在仅剩下的不足十平方米的土坯房里，一住就是十年。

家长里短她调解，贫困人群她接济，走百家门、知百家情、解百家难、暖百家心……

2005 年 12 月 3 日，为百姓操劳了一生的老共产党员谭竹青静静地闭上了双眼。她终于可以歇一歇了。上千名群众自发涌上街头，只为再看她一眼，再送她一程：“老姐姐、老主任、谭奶奶、谭妈……”一声声撕心裂肺的呼唤包含着失去亲人的悲痛，一句句发自心底的诉说是对谭竹青的无限崇敬与缅怀。

小巷无名惊天下，竹到凌云老更青。习近平总书记说：“劳动模范是民族的精英、人民的楷模。”谭竹青的一生，没有轰轰烈烈，她却把共产党人的初心和使命，践行在社区的角角落落，把“为人民服务”5 个字刻在了老百姓的心里。

她就是小巷总理，谭竹青。

上“学习强国”，进一步了解红色故事

造星　探月　傲苍穹

讲述人

西柏坡中共中央旧址　袁　晶

有这样一位老人，他的一生几乎就是共和国航天事业发展史的缩影。在我国自主研制发射的100多个航天飞行器中，由他担任技术负责人、总设计师或工程总设计师的就有34个，占整个中国航天飞行器的三分之一，从“东方红一号”到“嫦娥一号”，从“风云气象”到“北斗导航”，满天的星斗璀璨，书写着他传奇般的人生史诗。他，就是“两弹一星”元勋、中科院院士孙家栋。

在他的生命里，只有一个目标，那就是“问鼎苍穹，征服太空”。

1967年，孙家栋受命担任我国第一颗人造卫星“东方红一号”的技术负责人。当时中国的科学技术极其落后，工业基础相当薄弱，想要成功研制人造卫星，困难很大。对此，外国媒体冷嘲热讽，认为“东方红一号”是不可能研制出来的。而孙家栋却以他超人的协调能力，组建了团队，并且在没有条件创造条件的困难下，用最短的时间完成了任务。1970年4月，“东方红一号”卫星发射成功，传回了人们熟悉的《东方红》乐曲，举国欢腾。41岁的孙家栋仰望星空，百感交集，中国成为世界上第五个能够发射人造卫星的国家！

此后，孙家栋又先后担任了我国第一颗遥感探测卫星、通信卫星、气象卫星、地球资源卫星、北斗导航卫星的总设计师。作为总设计师，压力和责任是巨大的。1974 年，我国第一次发射返回式遥感卫星，可仅仅在升空 20 秒后卫星就爆炸了，任务宣告失败。作为责任人的孙家栋跑出地下室，望着沙漠里的火海，整个大脑一片空白，蹲在地上失声痛哭。之后的三天三夜，他与同事们在滴水成冰的沙漠里一寸一寸地寻找火箭的残骸，甚至把沙地翻了一尺多深，把混在沙子里的螺丝钉、小铜块、小线头一点点收集起来，查找事故原因。他发现是一节小小的导线酿成了这场大爆炸，由此他严抓细节、狠抓质量，逐步建立起了一套完整严格的质量管理体系。

2004 年，我国正式启动探月工程。75 岁高龄的孙家栋再次披挂上阵，亲自担任总设计师。很多人替孙家栋捏了一把汗——

在孙家栋的生命里，只有一个目标，那就是“问鼎苍穹，征服太空”

工程一旦出现问题，他辉煌的航天生涯必然受到影响。但是孙家栋没有一丝犹豫，他只说出8个字："国家需要，我就去做。"2007年11月5日，嫦娥一号卫星顺利完成环绕月球的那一刻，航天飞行指挥控制中心的工作人员全部都在欢呼雀跃、拥抱握手。而78岁的孙家栋却悄悄地背过身去，潸然泪下。这个被镜头捕捉到的场景，令无数人为之动容。

一个人的一生中有无数次的哭和笑，能有多少次被记录？被传播？被千万人传颂？钱学森可以，邓稼先可以，孙家栋可以！他们的哭笑记录着中国航天事业的艰辛探索，记录着一代代科学家的强国飞天梦，更记录着中华民族迎来了从站起来、富起来到强起来的伟大飞跃！

问苍茫大地，谁主沉浮？浩瀚太空中日夜绕飞的卫星告诉我们，那些为实现中国梦隐姓埋名、无私奉献、不懈奋斗的英雄，就是真正的民族脊梁！

一封穿越时空的家书
——特级英雄黄继光的红色家风

讲述人

华东革命烈士陵园　张瑞洁

母亲大人：

男于阳历十月26日接到来信，知道家中人都很安康。目前虽有少些困难请母亲不要忧愁。想咱在前封建地主压迫下，过着牛马奴隶生活。现在虽有少些困难是能够度过去的。要知道咱们英明共产党，伟大毛主席正确领导下，幸福的日子还在后头呢！男现在为了祖国人民需要站在光荣战斗最前面，为了全祖国家中人等幸福日子，男有决心在战斗中为人民服务，不立功不下战场！

当这封感人肺腑的家书穿越时空，再次呈现在我们面前的时候，相信大家一定会想起60多年前那场空前惨烈的战斗；会想起那些雄赳赳气昂昂跨过鸭绿江的志愿军战士；也一定会想起那位一脸刚毅的21岁战士；想起他用挺拔的胸膛，堵住敌人的机枪，完成了人生最后一次无畏的冲锋。他，就是特级英雄——黄继光。

时光回到1952年4月29日，年轻的黄继光在战斗空隙思念母亲，写下了这封“不立功不下战场”的家书。5个月后，抗美援朝最激烈的战役——上甘岭战役打响。黄继光所在部队受阻于零号阵地。零号阵地有敌军集团火力点，战士们在几次冲锋后，伤亡极其惨重！就在这千钧一发之际，身负7处重伤的黄继光，强忍剧痛，艰难地爬向敌人的地堡射孔。他张开双臂，纵身一跃，扑向了敌人射孔，用生命书写了抗美援朝史上极其悲壮的一笔。

半年后，一位叫邓芳芝的老人出席了全国妇女大会，当得知她就是黄继光的母亲时，毛主席紧紧握住了这位农村母亲的手。他们都在朝鲜战场上失去了心爱的儿子，他们既有共同的悲伤，又有着共同的骄傲。

“开怀家国事，不言身与家。”毛主席曾说，革命总是要付出

黄继光用挺拔的胸膛，堵住敌人的机枪，完成了人生最后一次无畏的冲锋

代价的，岸英同志是一位普通的战士，为国际共产主义献出了年轻的生命，他尽了一个共产党员应尽的责任。而此刻，黄继光也传承了这样的家风。

2019 年 7 月，黄继光的侄子黄拥军在他写的一封《跨越时空的回信》中说："三爸，奶奶听到你牺牲的消息，就在老宅的院子里种下了一棵梨树。她说，人走了，总得有个念想……你牺牲的第二年，奶奶就让爸爸参加志愿军去了。奶奶说，你还没做完的事，让爸爸替你完成……三爸，你牺牲后，你所在的连队就改名叫'黄继光连'了，班里还给你留着床位呢！每天点名的时候，第一个就要点到你的名字……三爸，我们想你……"

一寸山河一寸血，红色家风育后人。它孕育了中华民族最高尚的家国情怀；给予了我们不忘初心、勠力向前的使命与力量。也正是因为这份使命与力量，才有了一个又一个像黄继光一样的英雄，为我们撑起了一个伟大的中国！

“90 后”追梦人

讲述人
中共四大纪念馆　王　力

我有一个梦想，水稻长得比高粱还高，稻粒像花生那么大，而我坐在稻穗下乘凉。

我还有一个梦想，希望杂交水稻覆盖全球，让所有人远离饥饿。

这是中国杂交水稻事业的开创者，被称为当代“神农”的袁隆平院士毕生为之奋斗的梦想。

1953 年，一辆烧木炭的汽车一路颠簸，把刚刚从西南农院毕业的袁隆平送到了偏远的安江农校。临行前，农院的领导告诉袁隆平：那里很偏僻，“一盏孤灯照终身”，你可要做好思想准备啊！

没想到，去了不久，就碰上困难时期。袁隆平回忆说：“我当时想，这么大一个国家，如果粮食安全得不到保障，其他一切都无从谈起，我要为让中国人吃饱饭而奋斗！”

20 世纪 50 年代，新中国不少地方还有灾荒，就在安江农场，袁隆平开始踏上自己的“追梦”之路。

从此，“泡”稻田，寻良种，成了他大半辈子的工作。

“泡”稻田，最能体会“一半是海水，一半是火焰”的感觉。夏天，身子被烈日晒得褪去好几层皮；冬天，腿在冷水中泡着，刺骨寒心。吃完早饭就下田，两个馒头做午餐，直到太阳西沉。拿着放大镜，一垄垄、一行行、一穗穗，在成千上万株稻穗里寻找雄性不育株，如同大海捞针。

1964 年，袁隆平率先提出利用杂交水稻优势的创新思想。1973 年，我国籼型杂交稻“三系”配套成功，实现了杂交水稻技术的历史性突破，在国际上被称为第二次绿色革命，我国粮食产量一下子就提高了 20%。

从三系法、两系法，再到超级稻亩产提高到 1000 公斤以上，目前，杂交稻在我国已经累计推广 70 亿亩以上，每年增产的粮食可以多养活 8000 万人口。

在袁隆平的追梦过程中，中国用全世界不足十分之一的耕地，养活了全世界五分之一的人口。中国人把饭碗牢牢端在自己手里！

科学探索永无止境。袁隆平的第二个梦想是杂交稻覆盖全

“泡”稻田，寻良种，成了袁隆平大半辈子的工作

球。“不只是中国人，全世界都可以吃饱饭。”

倘若全球有一半稻田种上杂交稻，增产的粮食可以多养活4亿至5亿人口。为了实现这个梦，袁隆平和他的团队一直在努力：

为80多个发展中国家培训了14000多名杂交水稻技术人才；

在40多个国家成功示范杂交稻；

在10多个国家实现大面积种植；

2018年，海水稻在迪拜沙漠地区测产成功；

2019年，在非洲成功实现了杂交水稻规模化制种……

中国“魔稻”搭乘着“一带一路”的快车，奔向更广阔的世界田野。

作为首届国家最高科学技术奖得主，袁隆平毫无争议地获得了“共和国勋章”。

“颁奖时，习总书记跟您说了什么？”记者问他。

老爷子回答：“总书记问我有什么新进展，我跟他说，超级稻正在向亩产1200公斤冲刺。”

从300公斤到1200公斤，整整半个世纪，他追逐着梦想的脚步从未停歇！

永远年轻的“90后”这样说：“今后我更没有时间变老了！我还希望自己能够在2021年实现每公顷20吨的目标，向建党100周年献礼。”

上“学习强国”，进一步了解红色故事

如果还有明天

讲述人

铁人王进喜纪念馆　侯慧宇

1958年2月的朝鲜漫天飞雪，首次访朝的周恩来总理来到了刚刚竣工的桧仓郡“中国人民志愿军烈士陵园”，他一级台阶一级台阶地往上走，240级台阶，240万名曾浴血奋战的中国人民志愿军将士啊！当终于踏上葬有包括毛岸英在内的134名烈士的第三层墓地时，他面色凝重，静默良久，一股无声的悲恸席卷而来。我们仿佛听到总理说：“不能回家的孩子们，我来看你们了。岸英啊，我替你爸爸来看你了……”

毛岸英，毛泽东同志的长子，生于1922年，牺牲于1950年抗美援朝的战场。短暂的28年生命历程，他没有人们想象中领袖孩子的特权，有的只是历经苦难，颠沛流离。同母亲坐牢，同弟弟流浪，小小年纪就被迫远走他乡。与父亲5岁时分别，再见面已是18年后，此时的他高额阔目，器宇轩昂。他，是父亲的骄傲！其实父亲知道他有多优秀，但特殊的身份让他只有付出更多的努力才能获得认可。所以当他主动提出参加志愿军时，父亲是赞许和支持的。因为明天，从朝鲜战场归来的儿子一定会是一个被所有人认可的真正的战士。

是啊，明天……

毕竟20岁时他在苏联就已经入伍参军，并先后入士官学校、列宁军政学校和伏龙芝军事学院学习。苏联卫国战争爆发时，他坚持真理，投笔扛枪。在反法西斯战争中，显示出卓越的战斗指挥才能，并得到一把斯大林亲自赠送的手枪。

如果还有明天，他可能会是运筹帷幄的外交官。

辗转多国的避难和留学经历，让他熟练掌握了俄语、英语和德语，对这些国家的历史和国情了然于胸。他谈吐得体、懂得国际礼仪。同时，他在土改中的表现也让老一辈革命家对他的政治思想水平给予了高度的评价。

如果还有明天，他定是无私奉献的人民公仆。

因为人们都还记得，他给想要通关系“做官”的亲戚回复，“共产党之所以不同于国民党，毛泽东之所以不同于蒋介石”，就是因为“大众的利益应该首先顾及，放在第一位。个人主义是不成的”。不因亲属关系搞特殊，不以自己的权力谋私利，这，就

毛岸英用生命证明了他是一名真正的战士，一个将“明天”留给祖国的英雄

是毛岸英！

明天！多希望还有明天啊！如果还有明天，毛主席就不会对扫墓过程问得那么仔细，就不会让人给他画了陵园的草图，儿子墓碑的位置他看了又看、摸了又摸；如果还有明天，毛岸英也会儿孙满堂，膝下承欢，享天伦之乐，就像我爷爷一样，他也会向儿孙讲述那场战争，带着战斗过的骄傲和欣慰。

“青山处处埋忠骨，何须马革裹尸还。”1950 年到 1953 年的抗美援朝战争，19 万 7 千多名英雄儿女献出了宝贵生命，许多烈士的遗体永远留在了异国他乡。毛岸英用生命证明了他不只是领袖的儿子，更是一名真正的战士，一个将“明天”留给祖国的英雄！

上“学习强国”，进一步了解红色故事

中国姑娘

讲述人
深圳博物馆　王晓晨

在上海女排的训练基地，当我亲眼看见她们的训练场景，不禁想到30多年前女排姑娘们那段势如破竹的光辉岁月。

时间回到1981年，第三届女排世界杯在日本大阪举行。在一个冬日的傍晚。面对实力强大的东道主日本队，在决胜局比分落后的不利形势下，女排姑娘咬紧牙关，拼搏到底。亿万中国人围坐在黑白电视机前紧张地观看女排战况。千钧一发之际，“铁榔头”郎平一记重扣，最终中国队以3:2险胜，我国“三大球”首个世界冠军诞生！举国上下心潮澎湃，亿万观众热泪盈眶。

“中国万岁！女排万岁！”的呐喊响彻天空。五星红旗冉冉升起，领奖台上，姑娘们相拥而泣。此后的5年间，中国女排不断书写传奇。先后在世界杯、世锦赛和奥运会上蝉联世界冠军，创造了难以超越的“五连冠”奇迹。在那个改革开放大幕初启、中国奋力追赶世界的时代，女排精神如同一面旗帜，是亿万中华儿女奋力追梦的真实缩影，成为中国向世界展现中华体育精神的一张国家名片。

然而，胜利的背后，是姑娘们汗与泪的付出。那时训练条件十分艰苦，她们唯一能做的，就是拼命。在四面漏风的竹棚里，地上铺的是带毛刺的旧木板，一不小心就会划出伤痕。没有球网，就用竹竿代替；没有臂力器，就和队友掰手腕；没有创可贴，就用胶布粘……就是在这样的条件下，姑娘们玩命似地训练，男陪练站在 3 米高的台子上，把一筐球不间断地扣向她们，队员们一个翻滚后，立刻爬起来，接下一个球。郎平回忆说，最艰苦的一次训练，他们连续不吃不喝练了 7 个小时。训练结束后，她们身上布满淤青，膝关节肿到走不了路，可她们从没停下。

2019 年国庆前夕，中国女排取得十一连胜的优异成绩，又一次卫冕世界杯冠军。在庆祝新中国 70 周年阅兵式上，女排姑娘们登上花车，灿若朝霞。习近平总书记高度赞扬中国女排展现出了祖国至上、团结协作、顽强拼搏、永不言败的精神面貌，称“女排精神代表着一个时代的精神，喊出了为中华崛起而拼搏的时代最强音”。

胜利的背后，是中国女排姑娘们汗与泪的付出

30 多年过去，当年场上的“铁榔头”，如今已在场下运筹帷幄；当年为女排呐喊的中国人，如今或许已白发苍苍。但中国女排沉淀下来的精神力量，在时代的变迁中历久弥坚。

没有这样一股子精神，哪有如今的物质丰裕、精神焕发、山河壮美？没有这样一股子精神，哪有如今在世界舞台上的腰杆挺立、话语铿锵、自信从容？奖牌的颜色有三种，但传奇的写法却只有一种。今天，我们正需要重新叫响“女排精神”，中国姑娘们在新战场拼搏的英姿将成为我们共同的国家记忆。只有拥有了这股强大的“精神力”，才能迎接光辉岁月，写下新时代的逐梦篇章！

上“学习强国”，进一步了解红色故事

永不停泊的红船

讲述人

南京市雨花台烈士陵园　郭　琦

一条船，一条不平凡的船。

它是宣告中国共产党诞生的红色之船，是承载着中国共产党人初心和使命的“母亲船”。

2017 年 10 月 31 日，党的十九大闭幕仅一周，习近平总书记就专程从北京前往上海和浙江嘉兴，瞻仰中共一大会址和南湖红船。

站在南湖岸边，习近平总书记深情地说：“小小红船承载千钧，播下了中国革命的火种，开启了中国共产党的跨世纪航程。”

这一切，要从 1921 年 7 月 23 日说起。

那一天，中国共产党第一次全国代表大会在上海法租界望志路 106 号秘密举行。后因法租界巡捕搜查，被迫转移到嘉兴南湖。

盛夏的南湖，微风阵阵、细雨迷蒙。在一艘中型画舫上，一位俊俏的年轻女子悠然坐在船头，似乎在欣赏南湖迷人的烟雨风景。

她正是会议代表李达的妻子——王会悟。她一手撑着油纸伞，一手拿着书，环顾四周，目光警觉，透露出了一丝不寻常。

原来，船里坐着的正是出席中共一大的 13 位代表。

为了防止意外，这次转移，代表们特意带上了乐器和麻将，还在船上摆好了酒菜，看起来就像是朋友们结伴出游。

到了下午，细雨渐停，游船逐渐增多，湖面上不时传来咿咿呀呀的京剧唱段。

与外面悠然平静的景象截然不同的是，船舱内刻意压低的讲话声、叫好声、鼓掌声此起彼伏，激烈讨论的氛围比盛夏的天气还要火热。

突然间，轰隆隆的马达声从不远处传来。一艘汽艇贴着水面，飞速开近。

造价昂贵的汽艇向来都是军警专用的，难道是警察？

王会悟不由得心头一紧，脸上却依旧保持着镇定的笑容。汽艇越来越近，她身体一缩，向后一靠，“咚咚咚”，看似不经意地敲了三下舱门。

这敲门声是他们事先约好的暗号，只有遇到紧急情况时才会使用。此时，船舱内压低的讨论声戛然而止，代表们迅速收起文件，推起麻将，“哗啦啦”的洗牌声传出了船舱。

这条看似普通的小船，有着永载中国革命史册的名字——红船

所有人都故作镇定，但心早已提到嗓子眼。船头的王会悟低头假装看书，竭力平稳呼吸，余光死死盯住汽艇，浑然不觉手心的汗，早已沾湿了书页。

马达声盖过了麻将声，汽艇很近地擦过画舫，只一刹那，卷起水浪，飞驰而去。

王会悟慢慢地抬起脸，长长地舒了一口气，小声说：“是来游湖的，没事了。”

麻将声立刻停止，热烈的讨论继续进行。

从中午 11 点钟一直到下午 6 点钟，短短 7 个小时，会议通过了中国共产党的第一个纲领，选举产生了党的领导机构，正式宣告中国共产党成立！

“全世界无产者联合起来”，“全世界无产者联合起来”！ 13 位代表刻意压低却难掩激动的声音在小小的船舱中久久回响……

从此，这条看似普通的小船，有了永载中国革命史册的名字——红船。红船精神蕴含的开天辟地、敢为人先的首创精神，坚定理想、百折不挠的奋斗精神，立党为公、忠诚为民的奉献精神，成了中国革命的精神之源、党的先进性之源。

秀水泱泱，红船依旧，精神永恒。

这条永不停泊的小船，引领着中国革命、建设、改革的新航向，它见证着中国共产党领导下大国的沧桑巨变，诉说着永远也讲不完的伟大传奇，激励着一代又一代中华儿女逐梦前行！

上“学习强国”，进一步了解红色故事

生死在一起

讲述人

广西民族博物馆　程　晖

朋友们，我今天要讲的故事叫《生死在一起》。

故事要从 1934 年讲起。那年冬天，为了突破敌军的第四道封锁线，长征中的红军决定从广西全州、兴安一带抢渡湘江。从 11 月 27 日到 12 月 1 日，短短 5 天时间里，8 万名红军战士与敌军展开了惊天动地的湘江战役，这是关系到中央红军生死存亡的关键一战，数以万计的战士血染湘江，谱写了红军长征最悲壮的一页。

有一位老人名叫肖春发，他是这场战斗的亲历者。在湘江战役最危急的时候，为了掩护中央红军，一支 1000 多人的部队，在全州县板塘村顽强地抗击敌人，由于敌我力量悬殊，很多战士牺牲在了炮火之中，当年 21 岁的肖春发在战斗中遭遇敌人飞机轰炸，当场昏迷了过去。

身负重伤的肖春发醒来后，发现自己掉队了。还好有一位村民冒着生命危险把他救了下来。两个月后，肖春发的伤慢慢好转，但不能追赶大部队成了他心中永远的遗憾。他决定留在村子里，等待战友胜利归来。

1949 年新中国成立后，肖春发在村里当上了生产队队长。但是，他始终没有忘记自己是一名红军战士，始终没有忘记自己和战友们许下的“生生死死在一起”的诺言，也从未放弃寻找红军烈士遗骸。

20 世纪 60 年代，在寻找烈士遗骸的过程中，他得知在板塘村附近有一个叫耳木洞的地方，当年一些因受伤掉队的红军战士，为了躲避敌人搜剿，躲进了这个山洞。无计可施的敌人残暴地在洞口火烧辣椒，战士们被涌入的浓烟灼烧着，十分痛苦，却没有一个人出洞投降，全部壮烈牺牲！

于是，肖春发和村民走进了耳木洞，找到了一具具骸骨。这些骸骨就是他当年的战友啊！他强忍着悲痛把战友们的骸骨安葬好，还在旁边种上松柏翠竹。就这样，他和他的战友们又可以朝夕相处了。只是，他在地上，他的战友长眠在地下。

从此，给子女和后辈讲述红军的故事，清明节组织群众去祭奠红军成了肖春发家庭的优良传统。1974 年，离家 40 多年的肖

在耳木洞，肖春发和战友们静静地躺在一起，而我们将永远和英雄在一起

春发因思念故乡回到了江西省老家，可回家后，他的心仍始终挂念着那些长眠在湘江边的战友。1989 年，肖春发悄然离世，弥留之际，他再三叮嘱："当年战友们全都死在那里，我要去陪伴他们。"

老人的心愿也是党和人民的心愿。按照中央的统一部署，广西全面开展了湘江战役红军烈士遗骸收敛保护工作。今天，在耳木洞洞口，苍松翠竹的掩映之下，一座重新修建的红军烈士墓，安葬着在耳木洞和附近发掘的红军遗骸 30 具、遗骨 3000 余块。在红军烈士墓的旁边，还有一座小墓，墓碑上刻着 9 个大字：红军战士肖春发之墓。

"生生死死在一起！"这是肖春发一生坚守的信念。今天，肖春发和他的战友们静静地躺在一起，而我们将永远和英雄在一起。

潜 绩

讲述人

鄂豫皖革命纪念馆 袁 咏

在福建省东山县，有个特殊的清明节习俗——“先敬谷公，后祭祖宗”。这里的“谷公”就是谷文昌，为什么当地老百姓会那么敬重他呢？带着这个疑问，前几天我辗转联系上了福建东山的张爷爷。他给我讲了好多谷文昌书记的故事，其中有这样一件事令他至今难忘。

让我们把时针拨回到新中国成立初期。那时，张爷爷的父亲和村里的许多人被败退的国民党抓了壮丁，年幼的张爷爷成了别人口中的“敌伪家属”。有一天，村里有户人家丢了钱，怀疑是隔壁那个“敌伪家属”妇女偷走的，还硬冲进妇女家里，搜出她攒下的一点钱，不由分说便咬定她是贼。于是，嚷嚷着让村里人把妇女押到村头，委屈的女人喊着冤，泣不成声。村民的声讨越来越激烈，居然有人要按封建旧俗把“小偷”的手给剁掉，眼看一场悲剧就要发生。就在这时，谷文昌书记闻讯赶到，立马制止并说：“共产党绝不冤枉一个老百姓。”救下这名妇女后，谷书记查明了真相，原来是丢钱那家的小孩自己把钱藏了起来，于是就这样还了妇女清白。那位妇女拉住谷文昌的衣角，哭着说：“谷书记，我丈夫是被国民党抓走当壮丁的啊。”当地干部赶紧把谷文昌拉开，低声提醒他，别理她，她丈夫去了台湾，她是“敌伪家属”。原来，国民党败逃台湾前，从东山抓走了近5000名壮丁，这些壮丁的家眷遍及全岛，全县一万多户人家中，将近一半的家庭被强行拆散。听到这儿，谷书记一下子红了眼圈儿，“敌伪家属”的帽子无疑是在把他们的生活逼上绝路啊！

谷文昌决心改变这一状况，在县委会上提议把“敌伪家属”改为“兵灾家属”。这个意见刚一提出，就立即有人怀疑他的阶级立场。面对质疑和指责，谷文昌不顾个人得失，坚定地说：“共产党人要敢于正视现实，对人民负责！”终于，东山县委迈出了谨慎且勇敢的一步。两字之差，天地之分。一项德政，十万人心！两年后的“东山保卫战”，证明了这一切。

1953年，国民党部队万余人突袭东山。当时，东山守岛部队不到一千人。东山群众，尤其是兵灾家属们，肩挑手拎地为前线运水送粮。“国民党抓走我们的亲人，共产党把我们当成亲人养。哪怕做鬼，我也愿为共产党守岛！”东山之胜，胜在民心！

在东山工作的14年里，谷书记不追求轰轰烈烈的“显绩”，

谷文昌不追求轰轰烈烈的“显绩”，只是踏踏实实地为群众办实事

只是踏踏实实地为群众办实事，群众想什么、盼什么，谷文昌就带领群众干什么。14个春秋的拼搏奋战，他和县委一班人带领全县军民植树造林防治风沙，打水井、建水库抗旱排涝，修公路、筑海堤、建海港、造盐田……从根本上改变了东山旧貌，把一个荒岛变成了宝岛。谷文昌把自己的生命注入生生不息的绿树，融入为人民造福的伟大事业，在人民群众中获得了永生。

他心中有党，坚定信念不动摇；他心中有民，百姓冷暖挂心头；他心中有责，求真务实敢担当；他心中有戒，正人正己扬清风。习近平总书记曾经说过，谷文昌是“四有”书记。

如今，我们走上波澜壮阔的新征程，谷文昌的精神内核正是党心所向、民心所往。这种精神将始终激励我们携手共创新时代的美好生活。

上“学习强国”，进一步了解红色故事

烈火中永生的英雄

讲述人
天津博物馆　田　欣

朋友们，提到邱少云，大家并不陌生。在半个多世纪前的抗美援朝战场上，他用最坚忍的潜伏，完成了中国士兵最勇猛的突击。烈火吞噬了一个年轻的生命，却在中国军史上留下了一个伟大的名字，铸就了“纪律重于生命”的精神丰碑。今天，我就为大家讲述邱少云的故事。

1952 年 10 月 11 日，朝鲜战场硝烟弥漫，我军潜伏部队准备在夜色中向 391 高地进发。夜，万籁俱寂。战士们进入潜伏地，静静地等待，而邱少云所在的爆破班埋伏在最前面，距离敌人仅有 60 米。敌人仿佛察觉到了什么。第二天下午，突然，山坡上响起“轰轰”的爆炸声。半个小时之后，敌机向开阔地扑来，一颗燃烧弹落在邱少云身边，飞迸的火星溅落在他的左腿上，随后燃遍了他的棉衣、头发和皮肉。他身后就是水沟，只要往里一滚，就可以把火扑灭。可是，他身旁的枯草早已烧光，只要稍微一动，就会暴露目标。为了身后 500 多名战友的安全，邱少云一动不动地趴在地上，任烈火烧焦自己的身体。战友们含着泪，眼睁睁地看着他从一个活生生的人变成一具焦体，直到牺牲。那一年，他年仅 26 岁。

硝烟散去，战士们来到邱少云牺牲的地方，看见唯一没有烧尽的，是那深抠进泥土的双手。在 391 高地的石壁上刻有一行文字："为整体、为胜利而自我牺牲的伟大战士邱少云同志永垂不朽。"1953 年，中国人民志愿军领导机关追授伟大战士邱少云"中国人民志愿军一级英雄"称号，追记特等功。

从那一天起，邱少云的名字和他的战斗精神一起，永远镌刻在人民军队的历史上。他生前所在的部队——西部战区陆军某摩步旅九连，继承英雄的精神，邱少云从未离开。1993 年，战士张洪峰为了救群众和战友，左手被炸掉，右眼被炸碎，脸部缝合 49 针……再站起来的他，将铁锹绑在左臂，继续在高原工作，只因为邱少云的精神，已深深融进他的血脉。

面对残缺的手臂，张洪峰曾一度想结束自己的生命。但军人的使命告诉他，"做邱少云式的好战士"，传承"纪律重于生命"的邱少云精神，做最可爱的人！这些年，九连"活着的邱少

烈火吞噬了邱少云年轻的生命，却在中国军史上留下了一个伟大的名字

云”——七班副班长罗松，无惧火焰，坚持战斗；“冰上的邱少云”——下士张超，不畏严寒，完成伏击。英雄从未止步。

朋友们，这就是邱少云在烈火中永生的故事。“一个有希望的民族不能没有英雄，一个有前途的国家不能没有先锋。”我们不知道在烈火燃烧时邱少云想了些什么，我们只知道他是一位英勇的、坚定的，把纪律看得比生命更重要的中国战士。新时代的我们，要讲好一代又一代“邱少云”的故事，敬仰英雄、学习英雄。让英雄的精神激励我们筑梦前进，砥砺前行！

上“学习强国”，进一步了解红色故事

耿耿忠心照雪山——孔繁森

讲述人
兴安盟内蒙古自治政府纪念地　荣雪莲

如果你是一位父亲，你会不照顾自己的孩子，却收养别人的孩子吗？如果你是一位支边干部，你还会第二次义无反顾地进入那高寒缺氧气候恶劣的地方工作吗？今天我要讲的就是这样一个平凡的共产党员孔繁森的故事。习近平总书记指出："孔繁森精神，首先体现的就是老西藏精神。"老西藏精神就是"特别能吃苦、特别能战斗、特别能忍耐、特别能团结、特别能奉献"。

1988年，组织上决定让孔繁森第二次进藏工作，他把九旬老母和3个未成年的孩子托付给动过几次大手术、体弱多病的妻子，毅然决然地说："我是党的干部，服从组织安排！"这就是我们的共产党员，永远把党和人民的需要作为自己的抉择！

1992年，拉萨市周边发生地震，拉萨市副市长孔繁森立刻奔赴灾区。在地震的废墟上，3个无家可归的藏族孤儿哭喊着扑倒在他的怀里。他抱着孩子们，想到自己的3个孩子，再也控制不住自己的泪水，把孩子们抱紧，再抱紧。后来，他收养了这3个孩子，成了他们的爸爸。孔繁森孤身在外，既要工作，又要带孩子，还要接济生活贫困的当地群众。繁重的工作和强烈的高原反应让他的身体已然处于超负荷运转；在经济上，经常是刚过半个月工资就花光了。他自己吃榨菜拌饭，却从来不愿让孩子们和他一样受罪。钱不够怎么办？他悄悄来到军区总医院血库，护士见他身体瘦弱，不让他献血。他连忙恳求道："我家里孩子多，负担重，急需要钱，请帮个忙吧！"后来他以洛珠的名义又去血库献了两次血。900毫升鲜血换来的营养费都用来补贴3个孤儿的学费。孔繁森为藏族群众奉献的是比血还浓的炽热情感，向党交出的是无比忠诚鞠躬尽瘁的答卷！

在广袤的内蒙古草原上，同样有一个平凡的共产党员——都贵玛。年仅19岁且还未成家的都贵玛冲破世俗偏见，抚育了28个孤儿。在那个缺医少药又经常挨饿的年代，孩子们没有一个因病致残，更无一人夭折，都贵玛用一生书写了人间的大爱传奇！

冰山愈冷情愈热，耿耿忠心照雪山。孔繁森和都贵玛都是民族团结的典范，都是平凡的共产党员。习近平总书记曾表示：伟大出自平凡，平凡造就伟大。只要有坚定的理想信念、不懈的奋斗精神，脚踏实地把每件平凡的事做好，一切平凡的人都可以获

孔繁森为藏族群众奉献了比血还浓的炽热情感，向党交出了无比忠诚鞠躬尽瘁的答卷

得不平凡的人生，一切平凡的工作都可以创造不平凡的成就。在新时代，我们更需要从孔繁森精神中汲取力量，把理想信念的火种、红色传统的基因一代代传承下去，融汇于民族精神和时代精神的基因与血脉，汇聚各民族团结奋斗的磅礴力量，各民族兄弟姐妹手挽着手、肩并着肩，共创美好未来，共享中华民族新的光荣和梦想！

上“学习强国”，进一步了解红色故事

在路上

讲述人

中国人民革命军事博物馆　贾筱艺

2019 年 8 月 10 日深夜，安徽省绩溪县台风呼啸肆虐，危机四伏。狂风暴雨中，在深山河谷间，无数人举着手电筒、火把，高声呼喊着：李书记，李书记……这一夜，为了寻找一位失联的年轻人，多少人喊哑了嗓子，多少户人家彻夜未眠。

第二天早晨，李书记终于找到了，可他满身泥泞，已停止了呼吸。绩溪县荆州乡纪检干部李夏，就这样倒在了抗击台风的路上，生命定格在 33 岁。他在转移群众的过程中突遇山体塌方，不幸以身殉职。他的最后一条朋友圈，是在救灾路上紧急发出的，距他牺牲仅有一个小时。危急时刻，他仍不忘通报避灾抢险的一线情况，他牵挂着乡亲们是否安全转移，但唯独没有想到的，是他自己的安危。

欲别两依依，心香祭故人。绩溪人民送别李夏的那一天，多少人家半夜就亮起了灯，多少乡亲一大早就出了门，排起长龙要送好人李夏最后一程。高扬村的菊花种植户胡中武泪流满面，将一束贡菊敬献在李夏灵前，这美丽的菊花是李夏生前带给他们致富的希望，如今寄托着绵绵无尽的思念。高扬村的菊花种植面积已经达到 1400 亩，村民种菊的收入大幅提高，这都要归功于李夏寒来暑往的辛劳奔波。胡中武有个心愿，等来年菊花开得最好最漂亮的时候，他要采上满满一筐，带去给李夏看一看。

这就是李夏，一位普通的基层干部，春华秋实，生如夏花。在绩溪县工作的 8 年间，他学会了绩溪话，也听到了群众的心里话，办好了村民的一桩桩“小事”，也办成了村里的一件件“大事”。荆州的乡亲们从未把这位常年奔走在田间地头的热心后生当作干部，而将他看成是他们知冷知热的亲人。是他帮助贫困户汪少美开小卖部补贴家用，是他在台风来袭时奋不顾身转移了章树花奶奶老两口，他把对工作的热忱化作了恒心，把对乡亲的爱化成了耐心，如同《在路上》这首歌所唱的，在路上，是我生命的远行；在路上，只为温暖我的人。

对于工作，李夏是热心尽职的；对于家人，李夏是温情细腻的。父女俩最美好的时刻，就是每次女儿宛儿弹起悠扬的钢琴，视频那边的爸爸笑得那么幸福、那么开心。8 月 6 日，是宛儿钢

李夏办好了村民的一桩桩“小事”，也办成了村里的一件件“大事”

琴三级考试的日子。她想要一只电话手表，这样想爸爸的时候就可以随时打电话了。李夏答应女儿如果考级通过就满足她的要求。宛儿不负期望，顺利过级。李夏高兴地买好了手表，准备周末回来就送给宛儿作为奖励。

然而 4 天后，就在他们约好办手机卡的日子，李夏却没能回来，他永远倒在了救灾的路上，妻子宛云萍悲痛欲绝，不忍心把这残酷的真相告诉幼小的女儿。其实宛儿心里已经明白，但她还是期待爸爸正在回家的路上。她常问妈妈："爸爸送我的电话手表，能联系到他吗？"

李夏永远活在了女儿的等待中，活在了老百姓的思念中。他的微信名叫"在路上"，他的一生都在路上。他用脚步丈量民情，用实干赢得民心。"初心，不因来路迢遥而改变；使命，不因风雨坎坷而淡忘。"这，就是一名共产党员用生命践行的平凡诺言，也是镌刻在山河大地上的不朽丰碑。

上"学习强国"，进一步了解红色故事

八步沙“六老汉”

讲述人
中国人民革命军事博物馆　温　泽

20世纪80年代初，八步沙是甘肃古浪县最大的风沙口，狂风肆虐，农田遭毁，很多乡亲被迫离开了世代生活的家园。如果任凭“沙进人退”，这个地方将会在极短的时间内化作可怕的无人区。

“活人不能让沙子欺负死！”1981年的一天，当地6位年龄加起来近300岁的庄稼汉，在承包荒漠的合同书上按下了鲜红的手印，誓用白发换绿洲。

6个人、6把锹。6个年近花甲的老汉，一头扎进漫天黄沙的治理工程中，被当地人亲切地称为“六老汉”。谁知，在沙漠中种活一棵树，比养活一个孩子都难。第一年，“六老汉”用全部积蓄买了一万多棵树苗栽下，没想到转年开春的一场大风瞬间刮没了，死掉了。馒头咸菜没叫苦、风吹日晒没躲过、生病受伤没喊过、重活累活没退缩的“六老汉”此时却像小孩子一样抱头痛哭。

“难道家真的保不住了吗？真的要变成无人区吗？”“六老汉”不服输、不甘心。他们相信，“狂风吹不走誓言，沙暴埋不住希望”。“六老汉”咬紧牙关，肩挑背扛，“一步一叩首，一苗一瓢水”地呵护，年复一年，洒血挥汗，不知从何时开始，八步沙出现了“人进沙退”的好局面。可荒漠变绿了，“六老汉”的头发却变白了，甚至有 4 位老汉相继走完了人生路。

贺老汉肝硬化晚期，忍着剧痛种下了人生中的最后几棵树。住院后对儿子贺中强说：“娃啊，这些年，爹在山上没有照顾好你，让你吃了不少苦，现在你长大了，为了咱八步沙，去种树吧。”

石老汉在临终前嘱咐儿子石银山：“不要把我埋进祖坟，把我埋到八步沙。我要看着八步沙的林子。你毕业后，就回来吧。”

郭老汉在弥留之际留下遗言，让儿子郭万刚辞去工作，走进林场。

罗老汉的儿子罗兴全也捡起爸爸的铁锹走进了林场。就这样，4 位离世的老汉和还健在两位老汉的儿子们，扛起了父辈们的旗帜，义无反顾地向沙漠深处进发。“六兄弟”成了八步沙的

治沙英雄们把生命“埋”进沙漠，踏出了人类生存的希望

第二代治沙人，他们不能辜负父辈们，不能丢掉八步沙。因为“六老汉”曾有一个约定，六家人每家必须有一个接班人，不能断。如今，“六兄弟”也已经变成了“六老汉”，而“父亡子继，子承父业”的接力棒又传到了第三代人的手上。从“沙进人退”到“人进沙退”，从“死亡之海”到“经济绿洲”，年轻的第三代治沙人正在把“点沙成金”的梦想变为现实。

30 多年，这些治沙的英雄们，一步一个绿色的脚印，踏出了人类生存的希望。

30 多年，八步沙“六老汉”，有的老了，有的走了，可腾格里沙漠南缘的那片绿色却一直在向沙漠中延伸。

他们是时代的楷模，他们是最美的奋斗者；他们把生命“埋”进沙漠，为子孙开拓未来；他们是绿水青山的使者，他们是中华民族的脊梁。他们是：石满、郭朝明、贺发林、罗元奎、程海、张润元！

他们的功德必将为后世垂范，他们的名字必将为历史铭记！

上“学习强国”，进一步了解红色故事

向星辰大海出发

讲述人

邓小平故居　聂　静

报告祖国，我是神舟五号，可别以为我是一个圆滚滚的小胖子。不，其实我很帅。我是中国第一艘载人航天飞船！

2003 年 10 月 15 日 9 时整，我和宇航员杨利伟带着中国人民几千年的飞天梦登上了太空。这次我有些紧张，就在我返回的途中，出现了一个插曲，把大家都吓坏了。在我急速下降时，与大气摩擦产生了 1600 度的超高温，舷窗外面被烧得一片通红，窗户外面出现了裂纹，甚至都以为玻璃要碎了。还好，只是舷窗外的防烧涂层裂开了。最终，我们，平安回家。

神舟五号的成功返回，标志着中国成为世界上第三个独立掌握载人航天技术的国家。

报告祖国，我是神舟七号，与“神五”不同的是，我的任务是协助航天员实现舱外活动。

2008 年 9 月 25 日 21 时 10 分，陪我一起上天的有 3 位宇航员：翟志刚、刘伯明和景海鹏。在我安全运行两天后，终于迎来了出舱时刻。翟志刚深吸一口气，用力一拉，打开了舱门。宇航员出舱了！

可突然，在轨道舱里响起了急促的警报：“轨道舱火灾！轨道舱火灾！”

刘伯明：坚持，反正任务我们继续。

翟志刚：明白。

刘伯明：着火我们也来不及了，不管了。

翟志刚：成！

危急时刻，航天员们作出了选择，继续操作飞船。他们临时决定打乱任务顺序，抢先把五星红旗带出舱外！这一次，国旗在太空飘扬，成功实现了中国航天员在太空漫步。

后来经过检查，这是一次有惊无险的误报，但在当时，我与宇航员们想法一样：如果回不来了，就把这舞动国旗的画面，作为我们的永别。

报告祖国，我是天宫一号，我是中国第一个目标飞行器，是中国在浩瀚宇宙中的“第一个家”。但我的使命只有两年。

2011 年 9 月 29 日 21 时 16 分，我的成功发射，使中国成为全球第三个独立掌握空间站技术的国家！一年多的时间，我与“神八”“神九”成功完成了太空对接。

再后来，神舟十号带着 3 名宇航员，与我完成了对接。他们

中国航天事业在风雨兼程中阔步，中国航天人向星辰大海出发

在这里，体验着舒适的套房、开启了太空授课，还玩起了直播。后来，“神十”返回了，这也预示着我的使命完成了。

可是你知道吗，建造一个像我这样的空间站，不仅需要大量的人力、物力，还要耗费无数研发团队的心血。所以，我还想再坚持坚持。在超长服役 4 年后，我化成了一道耀眼的光芒，与祖国道别。请不要忘记我，我是天宫一号。

这是中国航天器的故事。回首中国航天事业，我们在一穷二白中起步，风雨兼程中阔步。先后 14 次征战太空，六问九天，绕地球飞行 1000 多圈，行程达 4600 余万公里。第一次天地往返，杨利伟把中国人的身影留在了浩瀚太空；第一次出舱行走，翟志刚的一小步，迈出了中华民族的一大步；第一次中期驻留，景海鹏、陈冬叩开了中国空间站时代的大门。

天上一秒，地面十年。就是这样一支不忘初心、接续奋斗的航天人队伍，实现了中华民族的飞天梦，铸就了特别能吃苦、特别能战斗、特别能攻关、特别能奉献的载人航天精神。

天宫一号，你看到了吗？中国，以“一箭双星”方式成功发射了第三十、三十一颗北斗导航卫星，空间站建设、载人探月、火星探测……

中国航天的时间表正在加速。

未来，征途依旧漫漫；

未来，脚步更大更远！

奔跑吧！中国航天人，向星辰大海，出发！

上“学习强国”，进一步了解红色故事

学雷锋做好事

讲述人

延安革命纪念馆　白　婷

在中国，不论你是“60后”“70后”还是“80后”，上小学时，老师都会布置写这样的作文：《一件好事》。你写的可能是帮老师擦黑板、在公交车上给老奶奶让座，或者扶老大爷过马路……结尾时，你一定会这样写：“老爷爷、老奶奶拉着我的手问我：孩子，你叫什么名啊？”我回答：“我叫雷锋！”

是的，雷锋不仅唤起了中国人的集体记忆，更激起了中国人最大的共鸣。他是全心全意为人民服务的楷模，也是新中国史上拥有个人纪念馆最多的英模。他不仅在中国家喻户晓，还成为一个文化符号走向世界。有国外媒体这样写道：“雷锋品牌是中国人民也是全人类共同的精神财富。”

雷锋，一个生命定格在22岁的普通战士，为什么穿越半个世纪仍然被人们反复纪念、永远学习呢？

带着心底的疑问我参观了雷锋生前所在的连队。“雷锋连”每一次点名，第一个点到的总是雷锋的名字，而应声回答的总是全连官兵。

当我深入连队走近了雷锋，我仿佛也走进了他的内心：

他和新中国其他的年轻人一样，追求进步、新鲜的事物：他喜欢去照相馆拍照，和我们今天的“自拍”有点像。他喜欢把心事写在日记里，就像今天在“朋友圈”记录一样。他会在天安门广场上骑着摩托车摆个 POSE 留个影，就像我们今天在“网红地”打卡一样。

他和我一样是普通的，但他绝不仅仅止于普通。他又是伟大的，他的伟大之处在于有坚定的共产主义信仰，紧跟共产党；勤奋工作，干一行爱一行；总是主动帮助别人，助人为乐……他为人民做了无数的好事，直到生命的尽头。

“一个人做点好事并不难，难的是一辈子做好事。”他的一生虽然短暂，但他活得真实而精彩。因为坚持为人民做好事，普通的他才能成为不平凡的英模，22 岁有限的生命才有了无限的精神内涵。

在参观之前，我总以为雷锋是那么“高大上”，离我很远。了解了雷锋更多鲜活的故事后，我才发现，雷锋是亲切的、可信

雷锋及其向善、向上的精神将永远引领我们去追求更完美的人生

的、可学的。他的不平凡就在“做好事”这3个字上，我认为雷锋精神的内涵就是“做好事。”

谁说“70后”“80后”淡忘了雷锋？我作为一名“80后”，也能在平凡的讲解岗位上，学雷锋做好事，不断讲好红色故事，宣讲雷锋精神中求真、求善、求美的价值取向。

谁说“90后”“00后”不记得雷锋？我10岁的孩子，在学雷锋爱心圆梦活动中，经常将自己的文具、课外读物等收藏起来，送给结对的小朋友。雷锋精神已经在下一代身上生根、发芽。

2014年“学雷锋日”前夕，习近平总书记表示：“奉献爱心，处处可为。积小善为大善，善莫大焉。当有人需要帮助时，大家搭把手、出份力，社会将变得更加美好。”

雷锋及其向善、向上的精神将永远引领我们去追求更完美的人生——像雷锋那样做好人、做好事，从现在做起，从你我做起！

上“学习强国”，进一步了解红色故事

70 年不变的初心与坚守

讲述人
百色起义纪念馆　梁　媛

70 年，在历史长河中只不过是短暂的一瞬，但对一个人来说，则可能是漫长的一生了。“从加入中国共产党的那一天起，我就做好以身许国、一生献科学的准备了，无怨无悔！”这是全国优秀共产党员、时代楷模——92 岁的中国科学院院士陈俊武念念不忘的初心。不管是投身人造石油、催化裂化事业，还是研究石油替代、碳减排战略，他始终将国家利益放在第一位，这种家国情怀是他最初的信念，也是他 70 年的坚守。

陈俊武出生于北京一个书香门第。1949 年，22 岁的他放弃到大工业城市沈阳工作的机会，只身来到抚顺人造石油厂，从此开启了科技报国的峥嵘岁月。“一定要猛追世界先进水平，盯住他们，不能落后。”这是陈俊武的铮铮誓言，他说到做到。

新中国从依靠“洋油”到成为炼油技术强国，陈俊武带领团队创造了多个中国第一、世界第一，不断推动中国石油炼制、煤化工技术迈向世界先进水平。他成为我国催化裂化工程技术的奠基人。耄耋之年，他又投身国家石油替代战略研究，为我国煤炭资源深度转化利用开辟了全新技术路线。

在创造业界传奇的路上，总有无数艰难困苦，他却说：科学报国，就是要有牺牲，咬着牙也得熬过去。1962 年，他被派到古巴考察，经历了震惊世界的“古巴导弹危机”。“战争一旦爆发，哈瓦那可能会变成一片废墟。”回想往事，陈俊武平静地说，“不管遇到什么危险，国家需要我们，我们就得把这个担子挑起来”。

1996年，他遭遇严重车祸，导致骨盆粉碎性骨折，肠道破裂，腹腔内大出血，几个月后才能勉强下床走路，但他仅仅休息半年便继续恢复高强度工作。

70年里，他陪伴家人的时间少之又少。大女儿刚出生时连续几天高烧不止，生命垂危，但第一次做父亲的他刚被任命为工厂设计师，第一次领衔承担一个工厂的设计任务。他忍痛放下家里的“第一次”，离家一个月全力投入工作。

2001年，小女儿因车祸住院，他又因急着出差而匆匆离家。出差回来后，才急忙赶往医院照顾女儿。年近八旬的科学家，每天提着饭盒，步履蹒跚，在穿梭的人流中挤上公交车，只为亲手给女儿端上热饭。这其中，又含着一名父亲的多少辛酸、多少心疼！

以身许国、一生献科学是陈俊武最初的信念，也是他70年的坚守

2018 年，和他相濡以沫 60 年的妻子离世。“这一生和她待在一起的时间太少。”陈俊武心中充满自责。料理完妻子后事不久，他强忍悲痛继续投入工作。

直至今日，90 多岁高龄的陈俊武依然坚持每天准时到达办公室工作，风雨无阻。

“热爱我们的祖国，做受人民爱戴和欢迎的科学家，不断在科技前沿奋斗。”这就是一个科学家深沉的爱国情怀和坚定的使命担当，70 载奋斗人生，与共和国同频共振。而中华民族正因为有无数个“陈俊武式”的人物，如今才能傲然屹立于世界民族之林。他们是共和国壮丽画卷的绘制者，更是人民心中永远的英雄。

上“学习强国”，进一步了解红色故事

中国“氢弹之父”——于敏

讲述人

八路军驻桂林办事处旧址　李文麒

一句嘱托，许下了一生；一声巨响，惊动了世界；一个名字，荡涤了人心。28 年来，他一直隐姓埋名。他就是“两弹一星”功勋奖章、“共和国勋章”获得者于敏。

于敏，出生于 1926 年。大学毕业后，他致力于原子核理论研究，并很快填补了我国在这一领域的空白。1961 年，正处在原子核理论研究领域巅峰的于敏毅然服从国家需要，开始从事氢弹理论的探索研究工作，一切从零开始。而这次转行，改变了于敏的一生，开始了他 28 载隐姓埋名的攻坚克难。

1965 年，于敏带领科研团队来到上海的华东计算机所，对加强型原子弹进行优化设计。当时全国仅有的一台每秒万次的计算机，需要解决各方涌来的问题，仅有 5% 的时间留给氢弹设计。在这样艰难的条件下，于敏埋头苦干，在奋战了 100 多个日夜后，终于实现了氢弹原理突破，形成了一套从原理、材料到构型基本完整的物理方案。1967 年 6 月 17 日，新疆罗布泊上空，蘑菇云腾空而起，一声巨响震惊世界。中国向全世界宣告：我国第一颗氢弹爆炸成功！氢弹试验的成功，为中国科技自主创新能力的提升和国防实力的增强作出了开创性贡献。

然而长期夜以继日的高强度研究工作，再加上高辐射的放射性物质，一点点侵蚀着于敏的身体。他曾与死神擦肩而过。1969年，在第一次进行地下核试验和大型的空爆热试验时，于敏连走路都已经很困难了，同事们都劝他去休息，可他执意要到现场，每上一个台阶，都得用手缓慢地将腿抬上去。当同事搀扶着于敏来到小山岗看火球时，他已是头冒冷汗、面色苍白。由于精神压力和过度劳累，于敏在工作现场几次休克。出于保密的需要，于敏只有过两次公开露面，所有的艰辛、困难、病痛、喜悦，他都只能藏在心里，哪怕是最亲近的人——他的妻子，甚至都不知道他在做些什么。

每当于敏谈起往事的时候，脸上布满了伤感。于敏说，他一生中最大的遗憾就是亏欠，他亏欠的是照顾了他55年的爱人，甚至在妻子生命的最后一刻也没能好好地跟她说声再见。于敏深爱自己的妻子、孩子，却为了国家，失去了陪伴家人的时光。于

于敏爱家但更爱国，他义无反顾地把一生都献给了祖国

敏爱家但更爱国，他那一颗拳拳报国的赤子之心，让他义无反顾地把一生都献给了祖国。

“身为一叶无轻重，愿将一生献宏谋。”在我国国防科技事业改革发展中，有无数个像于敏这样艰苦奋斗、奋发图强的大国工匠，他们勇于创新、敢闯敢试、无私奉献，挺起了科技强国的民族脊梁。今天，作为年轻一代的我们，要以于敏为榜样，在平凡的岗位上努力发光发热，为实现中华民族伟大复兴的中国梦奉献自己的青春和力量。

上“学习强国”，进一步了解红色故事

绿水青山立丰碑

讲述人

遵义会议纪念馆　刘　霜

绿了荒山，白了头发，他志在造福百姓；老骥伏枥，意气风发，他心向未来。60 年的一切作为，就是为了不辜负人民的期望。他，就是被当地群众亲切地称为“草鞋书记”的云南省原保山地委书记杨善洲。

“我要回到家乡施甸种树，为百姓造一片绿洲。”为了践行这句朴实的诺言，1988 年，61 岁的杨善洲从保山地委书记的岗位上退休后，主动放弃进省城安享晚年与家人团聚的机会，毅然扎进荒芜的大亮山，带领乡亲们植树造林 22 年。

海拔 2600 米之上的大亮山，是杨善洲家乡最高的山。在恶劣的气候环境中，杨善洲带领工人一边造林，一边动手自给自足。没房住，杨善洲和林场的工人自己动手建油毛毡棚，一住就是 9 年；没有路，他们马驮人扛往山上运苗子和物资，一走就是大半天；买树苗资金不足，他就到大街上去捡别人扔掉的果核。

1999 年，已经 72 岁的杨善洲在山上用砍刀修理树杈时，一脚踩到青苔上滑倒了，导致左腿粉碎性骨折。人们想，老书记可以留在山下好好休息了。可半年后，他拄着拐棍，又执意走进了大亮山。

为了绿水青山的承诺，杨善洲倾注了多少心血与艰辛，大亮山知道，每一棵树知道，每一片绿荫也知道……22 载辛勤耕耘，大亮山重新披上了绿装，如今林场面积已高达 7.2 万亩。

林海招来了云，蓄住了水，昔日干涸的大亮山在水的滋养下“活”起来了。

然而，2010 年，杨善洲却突然病倒了。老伴来医院看他，俩人你看着我，我看着你……妻子在病床边哽咽着说：“病好了，就回家……”

2010 年 10 月 10 日 15 时 8 分，老书记走了……

这是大亮山最悲伤的秋天，层林如挽，长风当泣……

成千上万的百姓扶老携幼，涌出家门，为他们的老书记送行……

“一尘不染香到骨，两袖清风昭汗青”……哀思如潮，挽联如织。

杨善洲，这位全国优秀共产党员、新中国“最美奋斗者”，无愧于他的名字——扬善从善，建设绿洲。他不忘初心，用一生

绿了荒山，白了头发，杨善洲践行了“为百姓造一片绿洲”的朴实诺言

的执着与信念，树起了一座不朽的丰碑。

一首民谣在大亮山永远回荡：

> **杨善洲，杨善洲，老牛拉车不回头，当官一场手空空，退休又钻山沟沟；二十多年绿荒山，拼了老命建林场，创造资产几个亿，分文不取乐悠悠……**

上“学习强国”，进一步了解红色故事

雪线邮路上那抹流动的绿

讲述人

高台县烈士陵园　李菲菲

眼前只有一片白，早已分不清天和地，汽车前挡风玻璃上的雨刮器又失灵了，又得把头伸到窗外去看路了。在海拔 6168 米的雀儿山上，其美多吉又遇上了“风搅雪”。山路静得可怕，只听见呼呼的风声。在这茫茫的雪山峭壁间，仿佛只有他和驾驶着的这辆绿邮车是还在移动着的活物。

元旦刚过，气温已经降到零下 20 多度，天还没亮，其美多吉就穿着厚厚的邮政工作服，忙着出车前的准备工作，这位身高 1.85 米、一脸络腮胡的康巴汉子，看起来有些粗线条，然而在检查车辆的时候，他却格外仔细。雀儿山垭口有一个别称叫“鬼门关”，这里常年被冰雪覆盖，最窄处不足 4 米，仅容一辆大车慢慢通行。重达 12 吨的邮车经过这里时，加速、换挡、转向的每一个动作都如同与死神博弈，每年都有车辆从这里意外坠崖，但其美多吉所在的邮政车队从未发生过一起责任事故。在雀儿山，即便是驾驶技术最娴熟的老司机也有害怕的东西，那就是“风搅雪”，它就像海上的龙卷风、沙漠中的沙尘暴，每当“风搅雪”来袭，狭窄的山路便会瞬间被大雪堵死，车辆根本动弹不得。每一位邮车司机都有过被困山顶的经历，曾经有一位邮车司机在山上被困了四天三夜，汽车的备胎都被拿来烧了取暖。原来，在甘孜邮政局有一个特殊的规定，野外紧急情况下驾驶员可以烧掉任何东西来保护自己，除了一样东西，那就是邮件。

在这漫漫邮路上，孤独是最难熬的，有时可能半天遇不到一个人、一辆车，特别是临近春节时，路上几乎看不到车，每到此时，其美多吉会更加想念亲人。别人在家跟父母子女团圆，只有他开着邮车，离家，越来越远。30 年来他只在家里吃过 5 次团圆饭，他觉得自己不是一个称职的丈夫和父亲，但听到乡亲们说，看到邮车，就知道党和国家时时刻刻关心着这里，他就觉得值了。结婚 20 多年，平安是妻子对他的唯一请求，但是妻子这个最低的要求，他差点没能实现。2012 年 9 月，运输途中的其美多吉突然遭遇一伙持刀歹徒的袭击，他以身护车，身中 17 刀，肋骨被打断 4 根，左手静脉被砍断。在漫长的治疗康复后，家人和同事都劝他离开一线。但一年后，雪线邮路上的司机们发现，其美多吉又回来了。

30 年来，其美多吉初心不改，而他热爱的家乡、他一次次

一次次翻山越岭，一个个邮件被送出，这是属于其美多吉的快乐与满足

往返的道路却发生了翻天覆地的变化。2017 年 9 月 26 日，雪线邮路上的鬼门关雀儿山，终于开通了隧道，他开着邮车，作为社会车辆代表第一个通过了隧道。以前过雀儿山需要两个多小时，而现在只需要 12 分钟，这条人间天路让他感叹，他说四川藏区的每一个变化，邮车司机都是最好的见证者和亲历者。他的邮车从最开始的 4 吨换到了 5 吨、8 吨，再到今天的 12 吨，邮车上装的是孩子们的教材和录取通知书，装的是报刊和机要文件，还有堆积如山的电商包裹，他知道这些都是乡亲们的期盼和藏区发展的希望，是伟大中国梦实实在在的成果。

“我只有回到我的车上才有这种灵魂和激情，就像歌手到了舞台上才能找到自己的灵感和那种激情。”

第一天走上工作岗位，其美多吉对工作的形容是喜欢；而坚守 30 年后，他用激情和幸福来形容他的工作，一次次翻山越岭，一个个邮件被送出，责任被卸下又再度装满上路。我想，这份属于邮政人的快乐与满足，别人是无法读懂的。

看啊，雪山上的那辆绿邮车又开始忙碌了。

上“学习强国”，进一步了解红色故事

最美奋斗者——库尔班·尼亚孜

讲述人

韶山毛泽东纪念馆　陈　萍

在美丽的新疆维吾尔自治区乌什县前进镇，有这样一个人，他走遍祖国的山山水水，最终却回到自己偏僻落后的家乡；他倾其所有，创建了全疆第一所民办国家通用语言小学，却屡遭质疑和非难。十多年来，他风雨兼程，用山一样的臂膀扛起了促进地方民族团结、文化认同的神圣使命，用水一般的柔波助推一个又一个学生走出天山，走向世界。他，就是最美奋斗者——库尔班·尼亚孜。

时间回到2003年，库尔班·尼亚孜家乡镇上99.4%的居民只会维吾尔语，一辈子都没有走出过镇子。如何让闭塞的家乡跟上时代发展的步伐，成了库尔班的心结。经过深思熟虑，他毅然放下生意，回到家乡，用所有积蓄创办了一所国家通用语言小学。

当时，有人说他是骗子，办学是假，靠土地升值赚钱是真。学校建起来了，围墙却一次次被乡亲们推倒。他的父亲因病去世，很多乡亲也心怀抵触不愿前来。面对谣言与非难，库尔班始终没有放弃。他说："我不想放弃的不仅仅是一个学校，更是孩子们的未来。"让家乡的孩子们接受最好的教育，拥有更好的人生，成了他矢志不渝的办学初衷和人生信条。

开学第一天，孩子们没有按时来，怎么办？库尔班挨家挨户走访，向家长们保证：如果两个星期以后孩子们没有进步，双倍赔偿学费。

学生怕汉族老师，怎么办？库尔班给每个孩子发了一个快板，当孩子们好奇地跟着老师玩快板时，陌生感自然消失了，还能边玩边背《三字经》。

过端午节发粽子，过中秋节发月饼，渐渐地，孩子们又学会了唱《花木兰》《红灯记》，还学起了书法，弹起了古筝，潜移默化之间，孩子们真切感受着中华优秀传统文化的无穷魅力。

7 年过去了，2010 年，当 38 名毕业生在第一届小升初考试中取得优异成绩时，库尔班哭了！几年后，从库尔班的学校里走出的学生在高考中又以优异的成绩考入了重点大学，其中有一位还被我国最高学府之一清华大学录取。

潜移默化之间，孩子们真切感受着中华优秀传统文化的无穷魅力

库尔班的不放弃，终于让乡亲们改变了看法，大家纷纷把孩子送到这所学校就读，学生由 80 人增加到 700 余人。2019 年 3 月，库尔班又托管了前进镇一所幼儿园，里面的近 400 个孩子全部采用普通话教学。

面对这一切，库尔班感觉自己是世界上最富有的人。他说：“这个新时代是奋斗者的时代，也是追梦人的舞台，让更多的孩子学习国家通用语言，学习中华文化，成为最自豪最骄傲的中国人，这就是我奋斗的目标。”

习近平总书记说，各民族要像石榴籽那样紧紧抱在一起，要加强民族交往交流交融。库尔班·尼亚孜为了增进民族团结，促进中华优秀文化传承，推动国家通用语言普及，无私地奉献，持之以恒地坚持，无我地奋斗。他不愧为新时代的最美奋斗者！

上“学习强国”，进一步了解红色故事

“布衣院士”卢永根

讲述人

新疆生产建设兵团军垦博物馆　蒋林杉

在 2017 年，有一组照片在网络走红，照片里的老人被称作“布衣院士”，他的名字叫卢永根。

1930 年 12 月 2 日，卢永根出生在香港一个富裕家庭。1941 年香港沦陷，他亲眼看见了日本侵略者的凶残。少年时期的卢永根深切地感受到，没有强的国，何来强的家？唯有读书，才能救国。16 岁的卢永根曾写下这样一首诗：“假如那么的一天到来哟，人人有田耕，人人有屋住，人人有饭吃……我们的生活啊，就是诗境。我们的语言啊，就是音乐。”而就是为了他心中这样的一个愿景，在 1949 年 8 月 9 日这一天，他光荣地加入了中国共产党。此刻的他目光坚定地望着远方说道：“今天是我人生的另一个生日，也是我新生命的开始。”

1959 年，三年困难时期来临，国家大面积粮食供应不足。卢永根从未想过自己作为稻作研究人员，竟然还有食不果腹的一天。那一刻卢永根回想起他的恩师曾对他说过的一句话：“当为农夫温饱尽责尽力。”这令他感同身受。他深感稻作工作任重而道远。于是卢永根追随恩师的脚步，致力于水稻遗传育种研究，为了寻找野生稻，他深入高山峡谷、密林深处，走遍一切可能有野生稻生长的地方，不论多么艰难，他都一步一个脚印地向上攀爬，最终发现了珍贵的野生稻种，并带领他的团队培育出了更高产量的高质量水稻产品，也实现了他曾说的“人人有饭吃”。

时间如白驹过隙，稍纵即逝。1978 年，改革开放的浪潮席卷全中国，卢永根以公派访问学者身份赴美国、菲律宾留学。因为他的亲人都在美国定居，为了一家人能永远团聚在一起，亲人都劝他留下来，可是为了振兴农业、强国富民的梦想，他婉言谢绝了亲人的挽留，毅然决然地回到了祖国。他说：“我是炎黄子孙，我要为祖国效力。”

在华南农学院，他不仅在学术上是水稻科研界的泰斗，也是学校里大胆创新、甘为人梯的育人者。卢永根常说：多干一点；少拿一点；腰板硬一点；说话响一点。谁也没想到，在这位业界泰斗、大学校长、中科院院士家里，摆放的是破旧木沙发，老式电视机，还有几张用铁丝绑了又绑的破椅子。卢永根任校长期

卢永根致力于水稻遗传育种研究，就是为了“人人有饭吃”

间，他不坐进口小车，在待遇上不搞特殊化。但是在育人上，他把夫妻俩一生攒下的880多万元人民币全部捐赠给了华南农业大学的教育基金会。这是华南农业大学建校以来数额最大的个人捐款。按照他的愿望，这笔捐款将用于奖励优秀青年教师和贫困学生。然而谁也不知道，在病榻上，卢老的口袋里还隐藏着一个秘密——一张遗体捐献卡，这也是他和夫人之间的约定，他们希望自己百年之后将遗体无偿地捐献给医学科研和医学教育事业。卢老希望自己成为一名真正的无产阶级战士。

病床上的卢老眼含清泪，仿佛看到了年轻时候的自己，19岁的他举起右手，面向北方宣誓，为共产主义奋斗终身！此时的他心潮澎湃，感慨万千。卢老说：“如果我的生命还能继续，我将在我平凡的岗位上继续奋斗！”2019年8月，89岁的华南农业大学原校长、中国科学院院士、著名水稻遗传学家卢永根永远地离开了我们。

“稻谷有根，深扎在泥土；你也有根，深扎在人民心里！”卢永根院士用他的一生，诠释着一名优秀共产党员的初心、一名杰出学者的使命和一名炎黄子孙的担当。他没有留下财产，没有留下遗体，没有留下墓碑，却在人民心里留下了一座永不磨灭的丰碑，成为激励年轻一代在新时代坚守初心、砥砺前行的榜样！卢老，一路走好！

上“学习强国”，进一步了解红色故事

那年，逐梦海天，航空报国

讲述人

拉萨烈士陵园　索朗拉姆

他叫张超——

那年 18 岁，热血男儿，投身军旅。经过层层选拔，过关斩将，拿到了招飞入伍通知书。他笑着说“爸，我被空军大学录取了，我的心愿达到了……”此时，母亲隐隐有些担心，在天上飞来飞去的，有个“万一”怎么办？儿子还是家里的“独苗”啊。他不停地宽慰母亲，最终，父母尊重了儿子的选择。

那年 23 岁，完成 4 年院校培养和 1 年海军航空兵训练后，张超主动申请到王伟生前所在的部队。报到时，团长问他：“为什么来？”张超脱口而出：“我就是冲着王伟来的！”在英雄的感召和榜样的激励下，矢志航空报国，勇于攻坚克难，在坚守每个岗位中先后数次完成多项重大任务，刷新多项海空纪录。

那年 28 岁，为了祖国的航母舰载机事业，张超告别随军不久的妻子和刚满周岁的女儿，义无反顾去挑战世界上“最危险”的着陆区。陆基模拟着舰飞行，这一关，是所有舰载战斗机飞行员必须跨过的一道门槛。

那年 29 岁，作为海军破例选拔、超常规培养的舰载战斗机飞行员之一，张超背负着人民的期待。2016 年 4 月 27 日上午，在连续完成两架次海上 30 米、超低空飞行后，张超驾驶 117 号战机执行当天最后一次飞行任务：陆基模拟着舰接地。已经接地滑跑的飞机突报“电传故障”，机头急速大幅度上仰，在超过 80 度仰角情况下猛然下坠。影像数据资料显示，从 12 时 59 分 11.6 秒发现故障到 12 时 59 分 16 秒跳伞，短短 4.4 秒的时间里，张超只有一个动作，就是竭尽全力推操纵杆，力图制止机头上仰，避免战机损毁。

“跳伞！跳伞！跳伞！”12 时 59 分 17 秒，也就是发出故障报警信号 4 秒多后，塔台指挥员连发三声命令，几乎在指挥员下达命令的同一瞬间，张超从座舱弹射出来。这一刻，生命是短暂的，也是永恒的。如果选择在第一时间跳伞，他也许会赢得自救的最佳时机。但是他脑海中没有选择与不选择，只有必须，因为他是一名英勇的人民解放军。

跳伞后，坠地受重伤的张超，留下了最后一句话：“我是不是要死了，再也飞不了了……”15 年了，这一声英雄歌调是那么相像。“呼叫 81192 号，这里是 553，我奉命接替你机巡航任

英雄的精神之火，照亮我们前进的道路，守望祖国的万里海疆

务，请返航！”“81192 收到，我已无法返航，请继续前进！”

这一声又一次成了祖国的空天绝唱！祖国失去了英雄，父母失去了儿子，妻子失去了丈夫，孩子失去了爸爸。妻子张亚近乎嘶哑地喊叫：“求求你，再叫我一声老婆，再叫我一声亲爱的……”张超两岁多的女儿含含一声声呼唤：“爸爸，我要爸爸，爸爸去哪了？……”这是那么令人钻心的痛。

爱，是张超留下的另一道英雄航迹，英雄也有妻儿老小，但在他们眼里，被国家需要就是一种幸福，英雄的出现绝非偶然，牺牲的壮举也绝非偶然，正是中华民族绵延不绝的道义传承，延续了担当情怀、爱国大义。正是这精神之火，照亮我们前进的道路，守望祖国的万里海疆。

上“学习强国”，进一步了解红色故事

戈壁大漠铸利剑

讲述人

重庆红岩革命纪念馆　卢　叶

大西北茫茫戈壁，一个承载无数国人梦想的地方。20 世纪 60 年代，这里诞生了一个又一个震惊世界的中国第一：第一颗原子弹、第一颗氢弹、第一枚核导弹……在这些第一的背后，蕴藏着许多披肝沥胆、感天动地的英雄故事。

1966 年 10 月 25 日，酒泉基地卫星发射中心原第一试验部发射二中队分队长颜振清风尘仆仆赶回 80 公里外的家中，他想见一见妻子和刚刚出生的女儿。

因为再过两天，就要进行原子弹和导弹结合试验。两弹结合试验风险巨大，一旦出现意外，后果不堪设想。而这次试验的最后操作，就是由颜振清和另外 6 位同志在地下控制室完成。要知道，仅 4 米深的地下控制室距离发射台只有 100 米，如果核导弹在发射台意外爆炸，他们必将粉身碎骨。这 7 位自愿申请留下的同志，也被基地人称为“七勇士”。

颜振清不知道这次回家是不是他人生的最后一次。他抱着女儿，在她稚嫩的小脸蛋上亲了又亲。他还特地给刚生产后的妻子洗了几件衣服，准备了一顿晚餐。出于保密原因，他用种种婉转的借口，向家人做了最后的交代，带着对亲人的万般不舍，又匆匆地返回了基地。

10月27日上午7时40分，颜振清和其他6位同志走进了地下控制室。此前，他们已纷纷写好了遗书，立下了“死就死在阵地上，埋就埋在导弹旁”的誓言。

基地司令员李福泽陪同聂荣臻元帅前来接见他们。

“高震亚！”

“到！”

“颜振清！”

“到！”

“王世成，佟连捷，徐虹，张其彬，刘启泉……”当聂帅一一叫出他们的名字时，7位同志再也控制不住心中的情绪，泪水夺眶而出。

年仅20岁的徐虹对聂帅说：“首长，我不是党员，如果我牺牲了，请组织上追认我为党员。”听了这句话，聂荣臻不禁眼眶湿润，安慰道：“同志们，一定要沉着冷静，我们要相信试验一

大西北茫茫戈壁，承载着无数国人的梦想，诞生了一个个中国第一，蕴藏着许多英雄故事

定会成功！”

上午9时0分10秒，随着一声“点火”，控制台操作员佟连捷果断按下发射按钮。

霎时，一声轰鸣，核导弹喷射出橙黄色的火焰，呼啸升空。

地下控制室里，大家凝神屏息，此刻的每分每秒都是煎熬。颜振清感觉心脏在嗓子眼里跳动，他几乎听到了自己的心跳声。

各项数据不断传来：导弹飞行正常！信号正常！轨迹正常！9分14秒之后，激动人心的声音传来：“核弹头在预定高度爆炸，试验成功！”

顿时，地下控制室沸腾了。大家热泪奔涌，纵情高呼：“成功了！成功了！我们胜利了！”

共和国铸剑的历史由此定格！从第一次核爆炸到发射核弹头，美国用了13年、苏联用了6年，而我国只用了2年。“两弹”结合试验成功，标志着中国终于有了用于实战的导弹核武器，“强国利器”再次挺起了泱泱大国不屈的脊梁！

“干惊天动地事，做隐姓埋名人”，这是无数国防科技工作者的铮铮誓言，他们用生命和鲜血铸成的“两弹一星”精神，穿越时空，光耀千秋，将永远照亮民族复兴的前进方向！

志愿组优秀讲解员篇

一名“90后”眼中的焦裕禄

讲述人

重庆红岩革命纪念馆　谭潇雪

我是一名“90后”大学生。记得小时候，作为教师的爸爸总是告诉我，要学会吃苦，要自立自强，要奋斗奉献。那个时候的我，还是一个小女孩，对爸爸的话半信半疑，似懂非懂。

如今的我，是重庆红岩革命纪念馆的一名志愿讲解员。在这里，我对“中国革命精神谱系”有了全面系统的了解，县委书记的好榜样——焦裕禄的形象开始走进我的视野，并逐渐由模糊变得清晰：根深叶茂的泡桐树、具有“止疼功能”的旧藤椅，还有那被子上的42个补丁……这其中，让我印象最为深刻，给我最强思想启迪的，是焦裕禄和女儿焦守凤之间发生的一个小故事。

1963年夏天，焦裕禄的大女儿焦守凤初中毕业没考上高中，兰考县好几家单位提出为她安排工作，教师、话务员、县委干事……一份份体面的工作让年轻的姑娘心花怒放，但当她拿着招工表征求父亲意见的时候，却被父亲泼了冷水：“年轻人应干点脏活、累活，要到基层去锻炼锻炼。”最终，焦守凤被焦裕禄领到县食品加工厂，当上了临时工，焦裕禄还叮嘱厂里的领导：“我的女儿在这里做临时工，她年纪轻，要对她严格要求。请把她安排到最艰苦的酱菜组。”在焦裕禄的劝说下，焦守凤勉强接受了这份工作。在工作中，焦守凤经常要切上一两千斤萝卜，更辛苦的是切辣椒，一天下来，眼睛被辣椒刺痛得睡不着，手上全是水泡，只能浸在冷水中加以缓解……

面对这些，焦守凤哭过、闹过，但焦裕禄只认一个理：“别人能干，你为什么不能干？”焦裕禄病重住院后，带着一丝怨恨的焦守凤去医院看望父亲，焦裕禄取下从旧货市场买来的手表交给她：“爸爸有些事对不住你，这块表送给你做个纪念吧！希望你按时上班，认真工作！”

“爸！！！”焦守凤与父亲紧紧地相拥在一起……

习近平总书记在《念奴娇·追思焦裕禄》中写道：“路漫漫其修远矣，两袖清风来去。”本可以给女儿安排轻松安逸的工作，焦裕禄却要求她从最苦最累的基层干起，让女儿在艰苦环境中接受考验、磨炼意志、增长才干。这其中，不仅蕴含着一个共产党员的优良家风，更饱含着一个好父亲对女儿最深的情、最真的

焦裕禄是县委书记的好榜样，也是有着优良家风的共产党员

爱！想到这些，我猛然间理解了爸爸曾经对我的种种严格，明白了爸爸当年的良苦用心。

再过一年，我就将走出大学校园，站上人生的新赛道，面对生活的新抉择。“青春是用来奋斗的”，奋斗应该成为青春最亮丽的底色！我将继承“亲民爱民、艰苦奋斗、科学求实、迎难而上、无私奉献”的焦裕禄精神，以“90后”的名义告诉世界，青春有我！奋斗有我！奉献有我！

上“学习强国”，进一步了解红色故事

把一切献给党

讲述人
松山战役遗址　尹　丽

他是名牌大学的校长，中国科学院院士；他是著名的水稻遗传学专家，共和国最美奋斗者；他生前极其简朴，身后捐款 880 多万元；他默默奉献一生，把一切献给了党。他，就是“布衣院士”卢永根。

1930 年，卢永根出生在香港一个中产家庭。太平洋战争爆发后，香港沦陷，11 岁的卢永根饱尝了国难的悲苦，坚定了爱国主义信念。16 岁那年，他写下了这样一首小诗：“假如那么的一天到来哟，人人有田耕，人人有屋住，人人有饭吃……我们的生活啊，就是诗境。我们的语言啊，就是音乐。”为了心中的理想，3 年后他在香港加入了中共地下党。

就这样，一个自幼接受英式教育的“香港仔”，举起右手，面向北方，许下了他在党旗面前最真挚的誓言。

根据党组织的安排，卢永根回到内地读书，迎接广州解放。毕业后，他选择留校，从此开启了他长达一生的水稻遗传育种研究和教学工作，为我国的农业科学作出了巨大贡献。

他曾 3 次出国探亲或访学，但从未动摇过回国之心，他常说：“科学无国界，但科学家有自己的祖国。”

2012 年，82 岁的卢永根与夫人徐雪宾作出了一个重要决定——捐献遗体供医学研究。4 年后，卢永根不幸罹患癌症，开始着手处理身后事。就在夫人徐雪宾教授询问他身后存款如何处理时，躺在病床上的卢永根只说了一个字：“捐！”徐雪宾心领神会地回答：“好！”两个字的简短交流，毕生积蓄处理完毕，一对夫妻伟大的人格充盈其间！

2017 年 3 月 14 日，已经住院治疗一年多的卢永根，在夫人徐雪宾教授的搀扶下，缓缓走向华南农业大学里的一家银行，他颤颤巍巍地从一个旧挎包里拿出一个牛皮纸信封，缓缓取出十多个存折，在银行柜台前一次次地输入密码，一次次地写下自己的名字，一个多小时后，存折里的存款被逐一转出，共计 8809446 元。可人们不知道的是，在卢老慷慨捐赠的背后是近乎苛刻的节约：几张极具年代感的木沙发，一台老式的电视机，锈迹斑斑的铁床占据了房间的大半，卢院士的床用铁丝绑了又绑，就连

卢永根生前极其简朴，却把毕生的积蓄捐赠给教育事业

立蚊帐用的支架都是竹竿，一个陈旧的台灯和一部发黄的白色座机……房间里的一切似乎都在诉说着他们的艰苦生活。可就是这样，已经身患癌症、极度虚弱的卢院士依然强撑着去银行，就是为了把毕生的积蓄捐赠给教育事业，捐赠到他工作了 64 年的华南农业大学教育基金会的账户上，而这也是华南农业大学建校以来数额最大的一笔个人捐款。

2019 年 8 月，卢院士永远地离开了我们。去世前，他把遗体也捐献给了医学事业，完成了他对党和国家的最后一次贡献。

就这样，“布衣院士”卢永根走了，他不留财产、不留遗体、不留墓碑。这一生，他是那样俭朴，俭朴到家里连窗帘都不挂；可他又是那样富足，一生家国情，桃李满天下。他用自己的行动，诠释了党性的纯度和温度，卢院士的一生就像一面镜子，照鉴了我们每个人的心灵，也照鉴了每一名共产党员的初心和使命！最后我想对卢院士说：稻谷有根，深扎在泥土；你也有根，扎根在全国人民的心里！

上“学习强国”，进一步了解红色故事

英雄的印迹

讲述人
大同煤矿“万人坑”遗址纪念馆　贾俊杰

在海军某部舰载机训练基地，有着许多飞机降落时留下的印迹。这既是海军航母建设的印迹，也是英雄的印迹。

张超。一名只有 29 岁的舰载机驾驶员，用无悔的选择、非凡的壮举，诠释了他大写的人生，唱响了一曲英雄的赞歌。

2016 年 4 月 27 日，晴朗的天空高远透亮。对于有着丰富飞行经验、执行过大量飞行任务的张超来说是个普通的日子。不同的是，今天，张超又能见到前来探亲的心爱的妻子，重温小别胜新婚的浪漫。

这一天，张超有 3 个架次的飞行任务，前两个架次是超低空掠海突防飞行，他的空中战术动作衔接流畅，非常好地完成了规定课目，着舰指挥员打出本场的最高分。紧接着，战机后轮触地、前轮触地，快速平稳地向前滑去，那片被称作“黑区”的模拟航母飞行的甲板上，又一次记录下属于张超的成长印迹。

然而，就在这一瞬间，无线电耳麦突然响起急促的语音报警：117 电传故障，检查操纵故障信号……此时，滑跑时速超过 240 公里的战机像一匹正在狂奔的烈马被勒紧缰绳一样，前轮猛地弹起，机头急促上仰，尾椎蹭在地上，瞬间火花四溅。在场的所有人都似乎停止了呼吸，时间在这一刻似乎凝固了……

“跳伞！跳伞！马上跳伞！”地面塔台指挥员对着话筒急促地大喊。

如果在此时跳伞，在4.4秒之间，张超完全可以脱离险境。然而，危急关头，他全然不顾自身的安危，第一时间将操作杆猛推到底，试图把上仰的机头强压下去，挽救这架造价数亿元、朝夕相伴的“飞鲨”战机。30度、40度、50度，当机头仰角超过80度时，张超已无法控制战机，他按下了弹射按钮。但由于错过了最佳跳伞时间，这样的角度，这样的高度，降落伞无法打开……

茫茫大海，战舰劈波；万里长空，战鹰翱翔。一个英雄的名字响彻蓝天，祖国的海域激荡起朵朵浪花，簇拥着一个伟大的英魂。

张超，用他宝贵而年轻的生命，践行了共产党员随时为党和

张超用无悔的选择、非凡的壮举，诠释了他大写的人生，唱响了一曲英雄的赞歌

人民牺牲一切的初心誓言，在祖国的天空上留下了一道闪光的英雄印迹。

前进的时代呼唤英雄，中国梦、强军梦需要英雄。不忘初心、牢记使命，新时代的英雄史诗必将由我们这一代人书写完成！

上“学习强国”，进一步了解红色故事

本　能

讲述人

韶山毛泽东纪念馆　左媛媛

1965 年 7 月 14 日，邳州县张楼乡民兵地雷班正在开展排爆训练。突然，地雷引信遭遇外力触碰，爆炸已不可避免，在场教员和 12 位民兵命悬一线。千钧一发之际，某部工兵连的年轻教员王杰，作出了中国军人在训练场上最壮烈的抉择：只见他纵身一跃，将炸药包严严实实地捂在自己的身躯之下，12 位战友安然无恙。王杰，这个英雄的名字，和他用忠诚与奉献所凝成的伟大精神，就此镌刻在共和国的不朽丰碑之中。

作为排爆能手，作为天天与爆炸物打交道的工兵班长，他深谙避险知识，熟悉逃生技巧，只要往后一仰，足可保全生命。为什么他没有像往常一样熟练地紧急避险，为什么选择了有悖常识的纵身前扑？太多太多的为什么，人们多么希望他能亲口回答，多么希望他能重新思考，多么希望他能作出一个更好的选择。——“一不怕苦，二不怕死”“为了党和人民，我甘愿牺牲一切”！这，就是他最本能的抉择！

是的，电光石火之间，他不可能进行周密过细的思考，更容不得半点的迟疑和犹豫，灵魂深处拥有的那种精神本能催生了这一英雄壮举。但这不是一般意义上的人之本能，是经受了思想的淬炼、接受了心灵的净化、摒弃了生理的需求，进入了无我境界的崇高本能。一本厚厚的王杰日记，勾勒了这种本能的形成轨迹，见证了这种本能的绝对真实，标注了这种本能的圣洁内涵。这是革命战士英勇无畏、自我牺牲的血性担当，这是共产党人为崇高理想信念而奋斗的至美追求！

穿过半个多世纪的烟云，这种精神的本能薪火相传，历久弥坚。困难，我先来；危险，我先上！一名名共产党员将这种本能诠释得淋漓尽致：杜富国，本能地选择了保护战友牺牲自己，那个叫人难忘的军礼虽然残缺但至高无上；张超，本能地选择了拥抱死神，用生命演绎出“天之骄子”的无边风采；谭千秋，汶川地震中那个瘦小的老师，本能地选择了用血肉之躯为学生支撑起了抗击屋顶重压的安全一隅，奏响了大爱无涯的千古绝唱！还有在我的家乡，湘潭市公安局民警刘立忠，面对连杀两人的凶犯，又是本能地纵身向前死死抓住那行凶的血手，任凭歹徒的尖刀

无数共产党员用生命谱写了“一不怕苦、二不怕死”的时代壮歌

刺进了自己胸膛，用生命谱写了“一不怕苦、二不怕死”的时代壮歌！这一个个名字也许陌生，但那一次次本能的壮举是多么相同。这，就是王杰精神在传承与接力；这，就是共产党人永不忘却的初心和使命！

英雄不朽，与日同辉。而我，作为一名新时代的退伍伞兵，一名新征程里的共产党员，更加真切地感受到了王杰精神在我血脉之中的强烈撞击，在我灵魂之中的青春律动，激励着我为祖国和人民奉献一切，即使赴汤蹈火，也必将本能地选择无悔无怨、勇往直前！

上“学习强国”，进一步了解红色故事

中国底气挥就钢铁交响

讲述人

八路军驻桂林办事处旧址　杨　菲

一座钢厂，幸福了一座城市；一种精神，铸就了一张名片。今天的故事要从一名钢铁工作者的亲情说起。

2016 年 4 月，河北钢铁集团塞尔维亚公司执行董事宋嗣海接到母亲病逝的噩耗，从万里之外的塞尔维亚赶回家时，葬礼早已结束。就在 3 个月前，宋嗣海接到外派工作的通知，从渤海之滨到多瑙河畔，此去路迢迢，归来未有期。他犹豫了很久，不知道该如何对年迈的父母开口。母亲知道后，虽然不舍，但还是给了他最坚定的支持："儿啊，这是国家对你的信任，去吧，你干的是件大事，一定得干好啊。"谁曾想，这一别竟成了永别。他带着无限的悲痛和愧疚，在家仅仅停留了 5 天，就告别了年过八旬体弱多病的父亲，再次回到塞尔维亚。"如此重大的项目交到了我们团队手中，只能成功，不许失败！"这是他在最困难、最痛苦时，心中回响的声音。

那是 2016 年 1 月，带着"做世界河钢"的梦想，怀揣着"代表民族工业、担当国家角色"的责任和使命，由 9 个人组成的河钢集团塞尔维亚公司管理团队踏进了斯梅代雷沃钢厂的大门。他们在异国他乡的土地上，开启了齐心协力、艰苦创业的新征程。团队仅用不到半年的时间，就将连续 7 年巨额亏损的企业扭亏为盈。不到两年，销售额创历史最高水平，钢产量创造了建厂 106 年以来的纪录，城市里平均每 5 个人中就有 1 个人直接或间接围绕钢厂在工作。本来濒临破产的百年钢厂重新成为“塞尔维亚的骄傲”。

这份骄傲来之不易，团队 9 名成员初到塞尔维亚就马上投入紧张的工作中。由于精神压力和过度劳累，在最初不到两个月的时间里，团队平均每个人都瘦了 10 多公斤。首席运营官魏东明更是从原来的 80 公斤暴瘦到 60 多公斤，看着突然消瘦的丈夫，妻子心疼得直掉眼泪，但他们却义无反顾地坚持了下来。身处异国他乡，远离亲人，克服重重困难，只为建设好河钢集团塞尔维亚公司这个“远方的家”。

在这个大家庭的建设中，有艰苦、有成绩、有泪水、有自豪，更有深深的情谊。员工维斯娜高兴地说：“如今工作稳定

河钢集团塞尔维亚公司管理团队用行动回答了“中国将给世界带来什么”

了，工资增加了，有条件改善全家的居住环境了。”她的女儿米莉察因为河钢爱上了中国，还特意为自己取了一个好听的中文名字——“蜜蜜”，象征着中塞友谊永远甜蜜。

河钢集团塞尔维亚公司的成就，是“一带一路”中国涉外项目惠及沿线国家、造福当地民生的一个缩影。近年来，“一带一路”建设迅速发展，您看，从中巴经济走廊电力项目、巴西美丽山特高压项目等惠民工程的落地生根，到中泰铁路、雅万高铁等项目逐步推进，越来越多的沿线百姓有了深深的参与感、获得感和幸福感。

大道之行，天下为公。正是数十万像他们一样在海外拼搏的中国企业员工，凭借着中国智慧、勇气和底气，承载着国家责任和使命，用行动回答了“中国将给世界带来什么”的世界之问，书写了新时代背景下属于中国的大国担当。

上“学习强国”，进一步了解红色故事

生如夏花

讲述人
酒泉卫星发射中心历史展览馆 周 霞

十月金秋，安徽省绩溪县漫山遍野的菊花又一次恣意绽放，村民们给这些高山贡菊起了一个新的名字——“夏花”，人们想通过这样的方式，呼唤一个名叫“李夏”的年轻人。

2019 年 8 月 10 日，16 级超强台风“利奇马”突袭绩溪县荆州乡。短短 3 个小时降雨量已接近 100 毫米。望着窗外越下越大的暴雨，原本打算回家与妻女团聚的乡党委委员、纪委书记李夏心中隐隐有些不安。

突然，一阵急促的电话声打断了他的思绪。“敬老院进水了！”电话那头，下胡家村党支部书记胡向明着急地喊着。挂掉电话，李夏抄起一把雨伞便匆匆地钻进了雨幕之中。

刚刚安顿好敬老院的 18 名老人，又得知下胡家村发生了一处塌方，李夏当即决定赶赴现场。

疏散完群众，突然从山顶传来“轰隆隆”的响声。“塌方了，快跑！”话音未落，胡向明已被一股从天而降的气流推出了两米多远。顷刻间，泥石流裹挟着塌方的石块从山上猛然冲了下来。山下的健身广场被瞬间淹没，古树被连根拔起，而李夏，也不知所踪。

村民们暂忘了家园被毁的伤痛，在黑夜里，顶着狂风暴雨揪心地寻找着失踪的李夏。14 个小时后，人们终于在泥石流下游 2 公里的地方找到了李夏的遗体。那个在夏天出生像夏天般火热的李夏，把 33 岁年轻的生命永远定格在 2019 年的夏天。而此刻，妻子和女儿还在等他回家。

“上个星期他和我说，这个月底是我生日，刚好是周末，他要回来陪我……”说到这里，妻子宛云萍再也忍不住哭了。“妈妈，我想听爸爸说话了，能打开微信让我听一会儿吗?”左等右等也等不回爸爸的女儿一遍又一遍地问妈妈，6 岁的她还不知道，她的爸爸永远也回不来了。

那个危难时刻总是冲在第一线的李书记，那个带领村民种菊花养鸡鸭脱贫致富的李书记，那个希望退休后在村对面山上盖一所房子的李书记，永远地离开了……

这是一首写给李夏的歌：

泥石吞没了李夏年轻的生命，却无法掩埋他永恒的光辉

我多想逆转这遗憾的时光，把风雨还给山河，把你留在家乡……

是啊，山核桃又丰收了，李夏该组织大家上山打核桃了吧？污水处理工程终于要开工了，李夏应该会来看看吧？带领村民种植的1400亩贡菊又盛开了，李夏该会露出欣慰的笑容吧？

生如夏花，永不凋零。泥石吞没了他年轻的生命，却无法掩埋他永恒的光辉。在新时代实现中华民族伟大复兴的征程上，一定有更多的李夏，像这漫山遍野的花儿一样，在他们热爱的神州大地上，绽放他们美丽的人生！

上“学习强国”，进一步了解红色故事

“生命禁区”里的奇迹
——记孔繁森式好干部高宝军

讲述人

宋庆龄陵园　张欣怡

走进阿里噶尔县的孔繁森小学，一座庄严肃穆的雕像矗立在眼前，这就是阿里人民始终铭记的老书记、援藏干部的楷模孔繁森同志。20 多年过去了，不时有人前来瞻仰。在这些人中，有一个人与众不同。他面色黝黑，高原的风在他的脸上留下了深深的印痕，但他的神情和目光却显得格外淡定沉着。他就是阿里地区普兰县县委书记高宝军，一个地地道道的陕北汉子。

从 2013 年援藏开始，高宝军不知道多少次来到这里。每一次靠近孔繁森，他都感到自己身上沉甸甸的责任与使命。

援藏是艰苦的，还伴随着很多无法想象的危险。但艰苦的环境没有吓退高宝军，他不仅要留下来，而且还要像孔繁森一样为藏区人民造福！

“我刚到普兰县时，看到当地 1 斤土豆 7 块钱，1 斤辣椒 12 块钱，到了冬季，1 斤草莓 120 块钱，老百姓根本吃不起。”高宝军看在眼里、急在心上，他动起了要在高原种植大棚蔬菜的念头。

平均海拔 4500 米以上，空气中的含氧量不到内地的 50%，年均降水量不足 75 毫米，而且“一年一场风，从春刮到冬”，举目望去，几乎看不到绿色……这就是阿里，一个被称为“生命禁区”的地方。

而高书记居然要在这里种蔬菜！面对周围人的质疑，高宝军在不到一个月的时间里，跑遍了全县的大小村庄，还请专家测水准、验土壤。终于，喜讯传来。普兰可以种大棚蔬菜！

他开始挨家挨户做农户的工作，多次开会说服广大干部，打消大家的疑虑。就这样，一座座温室大棚开始动工。经过两年的努力，普兰县百姓有史以来第一次吃上了大棚蔬菜。荒地变成菜园，不仅丰富了藏民同胞的餐桌，还带着他们脱贫致富。难以置信的奇迹就这样发生了！

“把普兰当家乡建设，把藏胞当亲人对待。”这是普兰人民对援藏干部高宝军的评价，可一心扑在工作上的他，却常常忽略了远在数千里之外的亲人。2014 年，母亲两度做手术，他没能

高宝军是真正把普兰当家乡建设、把藏胞当亲人对待的

回去；2015 年，妻子住院，他还是没能回去。他说：“我那两年都在重要岗位，没办法回去。”同样的话，孔繁森也说过，“在家乡，我上有老母，下有儿女，但古往今来忠孝不能两全，现在我只能在西藏尽孝了”。

2016 年，3 年援藏期满后，高宝军主动申请从延安调到噶尔县工作，由一名“援藏干部”成为一名“在藏干部”。

一批批孔繁森式好干部，他们用超乎常人的精神力量在雪域高原创造了一个又一个奇迹，在藏族同胞的心上筑起了一座以民为本的丰碑，这精神之源正是孔繁森！一尘不染两袖清风，视名利安危淡似狮泉河水；二离桑梓独恋雪域，置民族团结重如冈底斯山。孔繁森精神将永远激励每一个心怀梦想的人一路追梦、一路奋进！

上“学习强国”，进一步了解红色故事

人间神话

讲述人

东北烈士纪念馆　孟　娇

“太行、王屋二山，方七百里，高万仞……”这是战国的列子在《愚公移山》里写下的第一句话。“愚公”只是传说，但太行、王屋确有其山。也许2500多年前的郑国人列御寇望着家乡那巍巍太行时，他就已经感知到，那里必将诞生神话！

思想家的预感果然成真了，镶嵌在太行山腰，在国际上被誉为“世界第八大奇迹”的这条“人工天河”红旗渠，就是那个神话！20世纪60年代，为了改变“水贵如油”，为了“引漳入林”，为了子孙后代，数以万计的开山者没有经过任何专业技术训练，没有任何可以辅助的现代化机械，只用钢钎、铁锹、绳子、铁链，只靠肩扛手凿、抡锤打钎，硬是在这悬崖峭壁上凿出了这条“幸福渠”“生命渠”！

书中的传说寥寥几字就让人觉得神乎其神，但人间的神话，却并非真的轻而易举。开山者宿山洞，食菜汤，打钎打得虎口溃烂，除石除得险象环生。李改云为救人被巨石砸中，落下终身残疾；任羊成为除险被碎石砸到了牙，人还荡在悬崖边就直接用钳子拔掉……就是这样，他们还吟唱着“蓝天白云做棉被，大地荒草当绒毡。高山为我放岗哨，漳河流水催我眠”！就是这样，他们乐观着、积极着、憧憬着、奉献着，用十年的时间创造了一个真正的人间“神话”！

1965年4月5日，总干渠通水！漳河水奔涌而出，林县人喜极而泣！十年开山史，多少饮泪人，遥去黄泉路，通渠已无声……数不尽的一幕幕辛酸往事随着这河水涌上了心头。人群中，张买江的母亲比旁人哭得都凶，她想起了丈夫张运仁，那个在红旗渠工程修建之初被飞石击中不幸牺牲的技术员；想起了当年孤儿寡母喝不上水的日子；想起了她狠下心来对只有17岁的儿子说，“孩子，你爹没把渠修到底，你去替他完成，不把水引回来就别回家”；想起了自己在孤灯下想儿盼儿却又不能见儿的苦楚……她颤颤巍巍地对大伙说：“乡亲们，我能打这第一桶水吗？”没有回答，因为此时乡亲们已泣不成声。

老人将红旗渠的第一桶水挑回了家，从中取了一小篓水就出了门。儿子找遍了全村，最后在父亲的坟前找到了她。远远地，

数以万计的开山者硬是在这悬崖峭壁上凿出了这条“幸福渠”“生命渠”

儿子看见母亲将水篓中的水缓缓浇在了父亲的坟头，父亲的坟湿了，伴着老母亲的泪水，伴着红旗渠的水……

王师北定中原日，家祭无忘告乃翁！不是战场却胜似战场的红旗渠，是我们与大自然搏斗的战场；是我们牺牲了 81 个鲜活生命而让数百万计的人活下去的战场；是自力更生、艰苦创业、团结协作、无私奉献的红旗渠精神迎风招展的战场！在这精神的指引下，我们从不退缩，一直向前，才有了这人间的神话。而今，60 年的岁月沉淀让红旗渠精神成了中华民族精神的重要组成部分，增添了新的时代内涵，就像红旗渠的水一样，生生不息，代代相传！

上"学习强国"，进一步了解红色故事

巨人之子毛岸英

讲述人

抗美援朝纪念馆　卢泺霖

2006 年 5 月 12 日，在朝鲜桧仓，在那青松翠柏环绕的中国人民志愿军烈士陵园里，一位白发苍苍的老人久久地伫立在毛岸英烈士的墓碑前。当颤抖的双手一遍遍抚摸雕像上那张依旧年轻的脸庞时，抚过的不仅是长达半个多世纪的思念和悲痛，还有这位名叫刘思齐的老人对毛岸英无尽的爱恋和追忆。

作为毛泽东的长子，毛岸英从未因特殊身份享受过特殊待遇；相反，正因为是毛泽东的儿子，他始终被特殊要求，有着异于常人的特殊经历。毛岸英 8 岁就随母亲杨开慧被捕入狱，杨开慧牺牲后，毛岸英和两个弟弟流落在上海街头，当过学徒，捡过破烂，卖过报纸，推过人力车。1936 年，上海地下党组织找到毛岸英后安排他到苏联学习，并参加苏联卫国战争，在欧洲战场九死一生。1946 年，毛岸英终于回到了祖国。可刚来到延安，父亲毛泽东就让毛岸英深入农村、工厂“补上劳动大学这一课”。

毛岸英唯一一次与父亲倔强是他与刘思齐的婚事。相亲相爱的两个人，婚礼已筹备妥当，却因刘思齐年龄未满 18 周岁，没有得到父亲毛泽东的同意，得到的始终是那句“差一天也不行”的回答。对此，毛岸英和父亲闹情绪：“岁数不到就结婚的人多着呢……”毛泽东一听生气地说：“谁叫你是我毛泽东的儿子！”

就这样，毛岸英与刘思齐直到 1949 年开国大典前夕，才如愿走进婚姻殿堂。当晚，毛泽东在菊香书屋准备了一桌饭菜，宴请的宾客也只有周恩来、邓颖超、李富春、蔡畅等人。毛泽东专门送了一件呢子大衣给儿子做结婚礼物。这位伟人父亲无法作更多的表达，他把对儿子的爱全部寄托和埋藏在这件呢子大衣里。

可毛岸英与刘思齐的幸福是短暂的。就在中国开始恢复经济、发展生产、巩固新政权的时候，朝鲜战争爆发了。为了国家的长治久安，党中央和毛主席作出了抗美援朝、保家卫国的历史性决策。毛岸英也响应号召参加了志愿军，随部队开赴前线。可没想到这一去，竟是天人永隔、生死诀别。

毛岸英在朝鲜战场只有 34 天，可这 34 天却是这位 28 岁的巨人之子光辉人生中最为耀眼的一段时间。他入朝作战时，带了一大堆书籍，为的是做最好的参谋、当最好的翻译；他时刻把自己当成普通一兵，以至于除了彭德怀谁也不知道他的特殊身份，直到敌机轰炸志愿军司令部时，他还在作战室处理工作……

毛岸英响应号召奔赴朝鲜战场，可这一去，竟是天人永隔、生死诀别

毛岸英牺牲后，彭德怀悲痛万分，30 余字的电报写了一个多小时。

噩耗传来，共和国领袖无法像常人那样当众落泪，他用沙哑的声音叹息着说：唉，战争嘛，总要有伤亡……

岁月静好，是因为有人替我们负重前行。今天，我们追忆历史、缅怀先烈，为的是找回那颗滚烫的初心；肩扛使命、奋进前行，也是为了不忘记先辈的牺牲和重托。那么，也请大家记住这样一个名字，他就是巨人之子——毛岸英。

上“学习强国”，进一步了解红色故事

绽放在扶贫路上的青春之花

讲述人

乌兰夫纪念馆　安　雪

不忘来路感党恩，坚定信念跟党走。这是一名年轻共产党员的座右铭。

1989 年，黄文秀出生于百色市田阳县一个农民家庭，由于家境贫寒，她在国家助学政策的帮助下才完成了学业。

2016 年夏，硕士研究生毕业的黄文秀回到了生她养她的革命老区百色，两年后来到百坭村担任第一书记。百坭村是一个深度贫困村，山路蜿蜒陡峭，村里的贫困户散居在 11 个自然屯，最远的距离村委会 13 公里，她挨家挨户对村里的贫困户进行走访，花两个月时间绘制了《百坭村贫困户分布图》，用实际行动赢得了乡亲们的信赖。

一年的扶贫工作，黄文秀收获颇为丰硕：村子里 88 户 418 人脱贫，屯内硬化路面、安装路灯、修建蓄水池，她还带领乡亲们发展特色产业，集体经济增收了 6 万多元呢……往日破旧的百坭村换了个模样，村子的贫困发生率从 22.88% 降至 2.71%，还获得 2018 年度百色市“乡风文明红旗村”的荣誉称号，所有这些都凝聚着她辛勤的汗水，闪耀着她奉献的光芒。

一代人有一代人的长征，一代人有一代人的担当。黄文秀的驻村日记中这样写道：“在我驻村满一年的那天，我的汽车仪表盘里程数正好增加了两万五千公里。我简单地发了一个朋友圈：‘我心中的长征，驻村一周年愉快。’”两万五千公里，对于黄文秀来说，有着别样的理解。她经常对身边的人说：“长征的战士死都不怕，这点困难怎么能限制我继续前行。”这，就是黄文秀的初心。

作为驻村书记的黄文秀一直惦记着身患癌症的父亲和年迈的母亲，2019 年 6 月 14 日，结束了工作的她急忙赶回家给父亲送药。团聚的时光总是短暂的，为了赶上第二天一早的扶贫工作会议，尽快解决灾情，16 日晚上，她决定连夜赶回村里。临走前，父母嘱咐她：“太晚了，又在下雨，开车注意安全！”

雨越下越大，持续的降雨引发了山洪，17 日凌晨，文秀发了一段小视频，视频里黑漆漆的一片，只有车灯发出微弱的光，照出密集的雨点，频频摆动的雨刷怎么也刷不掉从山上倾泻的洪

黄文秀用实际行动赢得了乡亲们的信赖，用美好青春诠释了共产党人的初心使命

水……4分钟后，黄文秀对家人说：“我遇到山洪了，两头都走不了，雨越来越大，请为我祷告吧。”没有人预料到，这成了她留在世上的最后一段话。

黄文秀就这样离开了我们，生前她还计划联系母校师生来村里开展支教，她还想着在村里办个幼儿园，她还想着……可是所有的想法都定格在了黄文秀30岁的人生里。

习近平总书记指出：黄文秀同志“在脱贫攻坚第一线倾情投入、奉献自我，用美好青春诠释了共产党人的初心使命，谱写了新时代的青春之歌”。

“看似寻常最奇崛，成如容易却艰辛。”她从大山走出又回到了大山，她在脱贫攻坚第一线唱响新时代的青春之歌，她谱写了共产党人的时代担当。她就是绽放在扶贫路上的青春之花——黄文秀！

上“学习强国”，进一步了解红色故事

中国女排

讲述人

73051部队军史馆　贾玉名

2020年的大年初一，电影《中国女排》即将上映，讲述的是“中国女排五连冠群体”的传奇故事。

1981年11月16日，第三届女排世界杯，中国姑娘力克东道主日本队，以七战全胜的战绩首次夺得世界冠军。这一战，打出了中国女排辉煌时代的到来，也激发出了中国人心中积蓄已久的激情。

在接下来的五年中，中国女排又接连斩获世锦赛、奥运会、世界杯三大赛事的桂冠，让“三连冠”“五连冠”这样的词汇，第一次出现在了我们民族的语汇中。

在那个国门刚刚打开、人民呼唤精神力量的时代，中国女排用“五连冠”的佳绩，向世界证明了“中国人能行”，沸腾了一代人的热血，也在国人心中竖起了一座精神丰碑。

中国女排传递的是一种精神。这种精神不只是赢得冠军，更是在赛场上顽强拼搏、永不言败。为了胜利，队长孙晋芳打着封闭坚持上场，赛后疼到无法站立；接应陈招娣桡骨断裂，单臂出战拼完五局；接应二传曹慧英髌骨断裂，忍着巨痛打完全程。2013年，“独臂将军”陈招娣英年早逝，骨灰中发现几颗伴随她大半生的钢钉，这是她征战赛场留下的纪念，也是女排精神的有力见证！

中国女排传递的是一种信仰。这是一种祖国至上、为国争光的信仰。在电影《中国女排》中，青年郎平的饰演者正是她的女儿白浪，白浪在微博中写道：“感谢电影中国女排给我机会饰演年轻时的妈妈，我终于知道了她和她的姐妹年轻时有多苦、多棒！”这也让我知道了祖国的荣誉在她们心中有多重。

当时的世界排坛，中国女排论高度不如美国，论速度不如日本，论弹跳不如古巴，训练条件更是异常艰苦，要想在强手如林的国际赛场上脱颖而出，只有经历千百万次不断重复的超常训练。但长期高强度的训练，也给姑娘们留下了各种伤病。主攻手郎平由于长期跳起扣杀、拦网，膝盖严重损伤，仅左膝关节就先后做了 7 次手术。25 岁退役时，她的膝盖已经老化到 70 岁的程度。郎平说：“女儿小时候向我跑来时，我不敢抱她，我怕我抱不动她。”

中国女排传递了顽强拼搏、永不言败的精神，传递了祖国至上、为国争光的信仰

即便牺牲如此之大，女排姑娘们依然秉持为国争光的信仰坚定前行。正是因为这种信仰，一次又一次升起的国旗下，女排姑娘们含泪的笑脸，成为那个时代永恒的记忆。

流汗、流泪、流血，不留遗憾。

不怕、不躲、不服，永远战斗。

祖国至上、团结协作、顽强拼搏、永不言败的女排精神历久弥新。

新时代，女排姑娘们用行动续写新的辉煌、新的精神。

2019 年 9 月 28 日，第十三届女排世界杯，中国女排以十一连胜的战绩第五次赢得世界杯冠军，第十次登上世界排球之巅，为新中国 70 华诞献上了最美祝福！

中国女排再次振奋全国，“升国旗、奏国歌”的豪情壮志传遍中华大地，激励亿万国人为实现中华民族伟大复兴的中国梦拼搏奋斗！

上“学习强国”，进一步了解红色故事

暖　男

讲述人

鄂豫皖苏区首府革命博物馆　张亚君

今天我讲解的题目是《暖男》。

一听这个题目，可能大家脑海中首先浮现的是一个懂得爱护家人，能给同事和朋友温暖的“小清新”，怎么也不会和一位扫黑英雄、刑警楷模联系起来。然而我今天讲述的时代楷模——福建省宁德市蕉城区公安局副局长杨春，在群众、同事、家人的口中就是一个暖男，每当有人问起对他的印象，大家总说：“就跟他的名字一样——温暖如春！”

在妻子黄芳的相册里，有一张便笺纸被久久珍藏。上面写着“老婆，因有紧急案件，我去队里加班，有事打电话给我。楼下有柿子吃。晚安。春”。当时黄芳正在休息，为了不打扰爱人，杨春留下了这段“情话”。谁能想到，就在妻子翻看这张便笺时，杨春正面临刀光剑影、生死考验。

2011 年 9 月 28 日，蕉城分局接到群众举报，一名涉嫌杀人的吸毒人员刘某带着刀具藏匿在一所民房内。杨春立即带人前去抓捕。刚到现场，就见刘某挥舞着两把锋利的长砍刀狂叫着与警方对峙，事态十分危急，民警手持微型冲锋枪，准备随时将其击毙。可细心的杨春发现，刘某身后还藏着一名妇女。为了保护无辜群众和同事，他快步上前，用自己的身体挡在了抓捕民警与犯罪嫌疑人之间，一边面带微笑，耐心、温和地劝说周旋，一边迅速派人联系嫌疑人亲属赶到现场，最终，成功将其手中的刀劝下。收队后，大家都关切地问：“春哥，当时如果刀砍下来，怎么办?”杨春笑着说：“你们看我，块头这么大，如果他刀砍过来，我还能扛得住；看你们那小胳膊小腿的，一下就受不了啦。”

这样危险的时刻，这样成功的案例，在杨春的刑警生涯中又何止一次。从警28年，他先后参与、组织侦破各类刑事案件3150余起，命案破案率近100%，刑侦业务考评连续12年位列宁德市第一。一长串数字的背后，是一颗对犯罪分子疾恶如仇、对党和国家赤胆忠诚、对人民群众犹如亲人、对同事家人温暖如春的丹心。

然而，日复一日的超负荷运转，最终拖垮了这颗曾经无比强劲的心脏。为了工作，杨春3次推迟冠心病手术治疗。同志们不

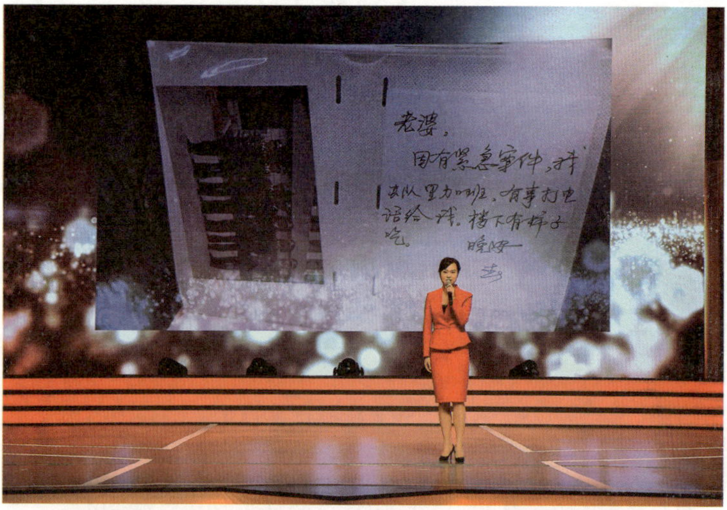

杨春是一个会说“情话”的暖男，更是一位疾恶如仇、赤胆忠诚的刑警楷模

止一次看到，跟着年轻人连轴转的他，疲惫不堪地蜷缩在案卷旁打盹儿。2019 年 1 月 23 日凌晨，杨春在单位值班时突发心肌梗死，永远倒在了扫黑除恶的战斗岗位上。很难想象，就在牺牲前的 48 小时，他还连续处理了 74 份案卷。都说心脏病发作时如刀绞一般，他是如何按压着胸口，强忍着绞痛，将这一份份案卷逐字逐句看完、写完的？唯一的解释就是他当初从警时的回答："只要能当警察，哪怕做临时工我都愿意。"这就是人民警察的初心。

2019 年 1 月 27 日，随着一声无比悲痛、椎心泣血的口令"敬礼"，1000 多双满含热泪的眼睛，最后一次望向杨春，耳边再次萦绕起他生前最喜欢的歌曲："是否这次我将真的离开你，是否这次我将不再哭……"那个曾经的暖男离开了自己热爱的事业，永远离开了我们。

一个人感动一座城，一群人温暖一个国。正是千千万万公安干警的奉献牺牲，才换来万万千千家庭的安宁温暖。读懂了他们平凡而伟大、普通又崇高的人生故事，我们就一定能在新时代的征程上，书写无悔人生，砥砺前行！

上"学习强国"，进一步了解红色故事

闪耀在长征路上的红星

讲述人
中国印刷博物馆　李　聪

80多年前的长征，让我们记忆深刻的是雪山草地、枪林弹雨、草根树皮、流血牺牲，可鲜为人知的，还有一张伴随红军长征的报纸，那就是《红星》报。

1931年在瑞金苏区创办的《红星》报，是中国工农红军军事委员会的机关报，也是迄今为止发现的当时唯一以公开文字记录长征的原始资料。在危险重重的长征路上，为什么还要办报？因为毛主席说过："长征是宣言书，长征是宣传队，长征是播种机。"

湘江战役后的1934年12月，中央红军发布《后勤机关进行缩编的命令》，要求队伍轻装上阵，而此时的《红星》报，只有两名编辑和两名战士，他们坚持用扁担挑着4个沉重的铁皮箱子，里面装着油印机、纸张等设备，在日夜行军中，每天都要走80里路，最多的一天走了180里，不论爬雪山、过草地，还是战斗不断，他们一步都没有落下，用生命守护着这些设备，走完了两万五千里长征。

编辑赵发生，一边行军，一边构思文章、刻蜡版，不时地还要采访。到了宿营地，别人可以休息了，他们却要开始工作。铁皮箱就是办公桌，写稿件、刻蜡版、印报纸……有一次，就在他们印报的时候，敌机投下了炸弹，为了保护设备，赵发生他们一下子全都扑到油印机上。敌机飞走了，大家相互看着，不约而同地笑了起来，原来油墨把他们都涂成了大花脸。赵发生指着油印机说：咱们这老伙计没事就成，战士们要靠它鼓劲儿呢！

长征途中出报纸，最难的是缺少纸张。从苏区带出来的毛边纸在一天天减少，却得不到补充。到了实在没有纸张的时候，编辑们就把文章写在比较大的树叶上，战士们管这叫“树叶报”。别看《红星》报这样简陋，可对长征途中的红军来说，它的威力不亚于枪支弹药，那是战士们不可或缺的精神食粮，起到了坚定信仰、鼓舞士气的作用。

80 多年前，红军创造出了“树叶红星报”。今天，高科技引领着印刷业高速发展，我们有了汉字激光照排系统，有了电脑编辑的“王码”，有了数码印刷机……但是，我们在前进路上依然面临着一个又一个挑战。回想当年，红军长征的胜利，靠的是坚守理想信念；今天，我们要战胜挑战，依然要靠坚定的理想

对长征途中的红军来说，《红星》报是不可或缺的精神食粮

信念。

2019 年 8 月，习近平总书记对“记者再走长征路”作出重要指示并强调，伟大长征精神是全党全国各族人民不断砥砺前行的强大精神动力，要牢记党的初心和使命，牢记党的性质和宗旨，走好新时代的长征路。实现“两个一百年”奋斗目标、实现中华民族伟大复兴的中国梦，就是我们这一代人在新时代的新长征。面对未来，面对百年未有之大变局，我们必将勇往直前，因为我们心中都有那颗长征路上信仰崇高、永远闪耀的红星！

上“学习强国”，进一步了解红色故事

红船上走来的何叔衡

讲述人

叶剑英元帅纪念馆　贺晓博

他头发花白，却整日奔走在田间地头，被百姓称为苏维埃的“一头牛”；他和蔼可亲，却在案件面前公正不阿，成为大家心中的“苏区包公”；他总是盼着能早点和家人团聚，却在敌人包围时毫不犹豫献出了自己的生命！他就是从红船上走来的何叔衡。

1931 年，瑞金农村的田间地头，一位戴着眼镜的老同志总是一边帮着群众做农活，一边和他们唠家常，也正是通过这一次次的交谈，他深知群众的疾苦，更坚定了牢牢捍卫百姓权益的心。他说：“共产党人生来就是与黑势力作斗争的！”他开了苏区司法先河，不仅成为“人民司法先驱”，也打响了反腐的第一枪！那是他从红船走来的第十个年头，他就是何叔衡。

长征开始后，何叔衡留在根据地继续进行游击战争。1935 年 2 月 24 日凌晨，周围的一切都是那么安静，一个商贩模样的人走在一支行色匆匆的红军队伍里。已经十多天了，白天他们露宿在荒山野岭，夜里行走在偏僻的小路上，一路从江西余都去往闽西山区，这名商贩模样的人就是 59 岁的何叔衡。

泥泞山路，只能夜间前进，战士们筋疲力尽，当走到上杭县水口镇附近的一个村庄时，大伙儿观察四周没有异样，赶紧休息片刻。战士们刚刚坐下，突然“嘭”的一声，身后传来了枪声，紧接着村子的三面都开始不停闪现着火光。情急之下，队伍只能选择向唯一一面没有火光的山上撤退，战士们一边搀扶着何叔衡一边往山上跑去，年近六旬的何叔衡在十多天的行进中，腿部已经有些受伤了，再往如此高的山上撤退，更是难上加难。当走到一个悬崖口时，何叔衡腿部的伤痛已经让他无法再迈出一步了。

他对战士们说：“你们先走！别管我！”

“不行！何委员，要走一起走！”

“没时间了！没时间了！朝我开枪吧！”

此时，敌人的枪声和叫喊声越来越近，眼看着就要来了，何叔衡心里只有一个念想：自己赴死，就能保全更多战士的性命。他没有丝毫犹豫，纵身一跃，跳下了悬崖。

可敌人并没有就这样轻易放过何叔衡，当在山下找到他时，

何叔衡用首创精神、奋斗精神、奉献精神影响着身边每一个人

他已身负重伤，奄奄一息。敌人的枪直抵他的胸口，他用尽浑身最后的力气喊出：“我要为苏维埃流尽最后一滴血！”紧接着，两声枪响响彻整个山间，山上的战士们听到枪声揪心的痛，仿佛每一枪都打在自己心上。耳边回响起何叔衡常说的那句：“党员就要做好随时献出生命的准备！”

1921 年到 1935 年，从红船上走来的十多年间，何叔衡用司法工作的首创精神、为革命事业的奋斗精神、牺牲时刻的奉献精神影响着身边每一个人。作为中共一大年龄最大的代表，他从红船上走来，不仅把“红船精神”交给了后代，把这初心和使命一代一代地传承下去，更激励着新时代的我们不忘初心，砥砺前行！

上“学习强国”，进一步了解红色故事

雪线邮路三十年　一片初心写赤诚

讲述人
遵义会议纪念馆　杨成野

在四川省甘孜藏族自治州，有一条特殊的高原雪线邮路。

说它特殊，不仅因为它是邮件进入藏区的必经之路；更因为它出了名的“高”和“险”——平均海拔3500米以上，大半年都是冰雪覆盖，即使到了夏天，暴雨、泥石流也是家常便饭。

然而，就是这么一条不好走的邮路。有一个人，一走就是30年，他就是高原雪线邮路的“英雄信使”——其美多吉。

30年来，孩子们的高考通知书、党报党刊和机要文件、老百姓的家书和包裹……都被其美多吉安全送达，当地群众也亲切地称他为“雪线邮路的幸福使者”。

人烟稀少、环境恶劣的川藏线上，不仅有雪崩、塌方的严峻挑战，还有突发事件的惊心动魄。

2012年7月的一天，其美多吉像往常一样开着邮车运送邮件。在一个陡坡处减速慢行时，一伙歹徒突然从路边冲过来，挥舞砍刀，举着铁棒、电棍，将邮车团团围住。

其美多吉第一反应是，一定要保护好邮件！他下车直面歹徒，一边将歹徒引到远离邮车的地方，一边拖延时间等同事赶到。

保护邮件的代价是巨大的，其美多吉身中17刀，肋骨被打断 4 根，头盖骨被掀掉一块，左手左脚静脉被砍断。这是常人难以想象的痛苦！

被送到医院的其美多吉，整整昏迷了三天三夜。在重症监护室抢救了一个星期后，他的生命保住了。

可之后的康复过程同样艰难！他坐了三个月的轮椅，经历了大大小小六次手术。虽然头部、背部和腿部逐渐康复，但他的左手依然无法用力，甚至连手指都不能合拢。曾经能扛起大邮包的左臂也抬不起来了，这对于一个邮运司机来说，简直是晴天霹雳！难道就要从此离开心爱的邮车吗？

“开不了邮车，我还能干什么？！”其美多吉问自己。

“世上只有雪山崩塌，绝没有自己倒下的汉子。康巴汉子应该比山更坚强，我要努力康复，再开 30 年的邮车！”

成都一位老中医教给他一套“破坏性康复疗法”——将严重

其美多吉用赤诚之心，守护着自己的梦想，守护着这条雪线邮路

粘连的肌腱硬生生拉开，然后再重新生长、愈合。其美多吉照做了，每次练习，他都疼得汗如雨下。即便如此，他仍坚持完成每天几次、每次一两个小时的练习，只为了早一点回到邮车上，早一点去给乡亲们送邮件。

两个多月过去，奇迹出现了——其美多吉的左手和左臂功能恢复了！

经过这次劫难，亲友们都劝其美多吉不要再开邮车，但都被他拒绝了。回到甘孜后，领导给了他一个月的试用期，结果又令所有人大呼“奇迹”，其美多吉不仅身体康复，而且顺利度过试用期，又回到了雪线邮路上。高高的雀儿山上，又响起了其美多吉粗犷嘹亮的歌声。

30 年来，其美多吉用赤诚之心，守护着自己的梦想，守护着藏区人民与世界交流的雪线邮路。不忘初心，方得始终。他，是当之无愧的时代楷模！

上“学习强国”，进一步了解红色故事

勋 章

讲述人
甘肃省博物馆　马雨宁

历史的意义在于，无论走多远，翻开那些厚重的史册，便知今日的中国是如何从困苦艰难、积贫积弱一步步走上复兴之路！这一路掩藏了太多故事，而几枚斑驳的勋章却随着时间逐渐清晰，为我们勾画了一幅共和国英雄画卷。

1950 年，“我”作为一枚勋章，第一次见到张富清，那时的他，在惨烈的永丰战役中作为突击队员，冒着枪林弹雨，只身炸掉敌人两座碉堡，为大部队打通了前进的道路。而后张富清又随部队转战西北、新疆等地。在解放战争期间，他立下赫赫战功，2 次获评战斗英雄，荣立 1 次特等功、3 次一等功，而这些也是“我”这枚勋章出现在他手中的原因。

1955 年，张富清转业那天，他精心地擦拭我们，将“我”和其他勋章以及立功文件放进一只旧皮箱，我们本以为这应是归家途中的暂居之地，偶尔还会出来“发光发亮”，但未曾想到，“我”在皮箱中一待就是 64 年！

转业时，张富清响应党的号召，来到条件非常艰苦的湖北来凤县，他曾在三胡区、县建行等单位工作。这些工作环境一个比一个恶劣，这些苦难没有压趴一个上过战场的军人，他毅然选择去了海拔更高、位置更偏、条件更苦的高洞村，这一年，张富清已经51岁。高洞村当时不通水、不通电、不通路，进出只靠两只脚板；物资流通只靠肩挑背扛，稍大点的物件，只能望山兴叹。进不去出不来的高洞，就像当年碉堡封锁的永丰城，必须得炸出一条通路来。张富清亲自披挂，领着村民，炸山修路。他说："我们光当指挥官不行，还要当战斗员。和贫困斗，和困难斗！"每天早上，工地上准时出现张富清的身影，他满面灰土，和村民汗洒一处。寒来暑往，一条挂在崖壁上的路，终于慢慢延伸到高洞。孩子们睁大眼睛，第一次见证拖拉机开进高洞，第一次"享受"坐着马车去镇里上学，小孩子走出去，新希望迎进来。这只是张富清工作40余年的小片段。

逝者如斯夫，不舍昼夜，转眼60多年过去了，"我"再见到张富清已是2018年。他已从当年那个将我们别于胸前微笑留念的年轻人，变为白发苍苍的老人，皱纹深深地交错在他的面

斑驳的勋章随着时间逐渐清晰，为我们勾画了一幅共和国英雄画卷

庞，眼中的一丝坚定，却仍像当年意气风发时，而“我”这枚原本崭新的勋章也被染上岁月蹉跎的痕迹。我终于问出那个存了多年的疑问：为什么？到底为什么让我们在一只皮箱里深藏了那么久？

“我一想起和我并肩作战的战士，有几多都不在了，我比起他们来，我有什么资格拿出立功证件去摆自己啊？”

“我有什么资格拿出立功证件去摆自己啊！”那一刻我好像懂了，懂这个白发苍苍的老人用自己的一生践行了中国共产党人淡泊名利、默默奉献的诺言。

2019 年，中华人民共和国成立 70 周年，95 岁的张富清老人迎来了一枚新的勋章——“共和国勋章”。在共和国前进的道路上，无数的无名英雄奋斗牺牲，铸成了今天我们这个国富民强伟大复兴的中国，张富清就是他们其中的一员。这些为国家、为人民默默奋斗的人，国家没有忘记他们，人民更没有忘记他们，他们所代表的不仅仅是一种时代精神，更是一种忠于信仰、初心不改的英雄本色！

上“学习强国”，进一步了解红色故事

点燃洞见光明的蜡烛

讲述人

南昌新四军军部旧址陈列馆　张　辰

2016 年全国高考成绩公布后，远在新疆阿克苏地区乌什县的前进镇沸腾了！因为，这个小镇上的维吾尔族考生穆萨·图尔贡，以 701 分的高分考入清华大学，成为阿克苏地区的理科状元。

这一刻，比穆萨一家还要激动、欣喜的，是前进镇国家通用语言学校的校长——库尔班·尼亚孜。高考状元穆萨，就是他办学历史上招收的第一届学生，也是他收获的第一期硕果。

从小立志要走出去看看世界的库尔班·尼亚孜，大学毕业后当上了国家通用语言教师。但由于教学吃力担心误人子弟，他主动办理了停薪留职。

此后，库尔班走南闯北，见到了更广阔的世界。这让他感受到，因为认知和语言受限，前进镇上的居民尤其是孩子们与外界文明的沟通被阻断了。于是他决定自己掏钱，创办一所国家通用语言小学，为孩子们点燃一支洞见光明的蜡烛。

可谁知，办学刚启动，就引来非议。有人说，库尔班办学是假，土地升值后卖了挣钱才是真。他挨家挨户动员的 80 名学生，没过几天就走了大半。就连学校的围墙和厕所也被人推倒。

困难又何止这些？为了使孩子们能够尽快适应通用语言环

境，库尔班招来的老师全都使用汉语教学，可是因为学生少，上课时又语言不通，孩子们在课堂上哇哇大哭，家长甚至拿赶驴的棍子去打老师。也正是因为这样，老师们像流水一样离开了学校。唯一坚持三年教学的陈红老师，最后也不得不离开。

面对生源少、老师留不住的现状，库尔班的内心却从未动摇过。撑不住想放弃时，他就告诉自己：“洪水流走了，石头会留下来。”

于是他开动脑筋，创新教学方式，学校面貌不断变化：向国旗敬礼、致敬先贤；学习中华传统文化，快乐的成长与爱国的情怀同频共振。

2010 年小升初，是学校第一次接受检验。那一天，库尔班打开电脑的手不停发抖，成绩公布了：227 分、230 分、247 分……全校 32 名报考学生，全部被大城市初中部录取。那一刻，

库尔班创新教学方式，让孩子们的快乐成长与爱国情怀同频共振

办公室全体人员抱在一起，大声哭喊着："我们成功了！"2016年，全国高考后，库尔班和他的学校，一跃成为小镇上最闪耀的光芒！

也正是那一刻，他从紧锁的抽屉里取出尘封了30多年的入党申请书，郑重交给党组织。

当年，身为老党员的父亲给他取名库尔班，就是希望儿子也能像库尔班大叔一样，听党话、报党恩，做一名堂堂正正的中国人。库尔班没让父亲失望，他两次受到习近平总书记亲切接见，并被授予"改革先锋"和"最美奋斗者"等一系列荣誉称号。如今，他和20世纪50年代骑着毛驴上北京接受毛主席接见的库尔班大叔一样，成为扎根新疆传承民族传统文化的一面崭新旗帜。

在库尔班的精心呵护和新疆各级政府的关爱下，前进镇国家通用语言小学根深叶茂，前景无限。一个小镇的未来，一批批新疆孩子的未来，正在越来越清晰，越来越辉煌！

上"学习强国"，进一步了解红色故事

我有一个梦

讲述人

东北烈士纪念馆　赵晶磊

2019 年 9 月 29 日，国家勋章和国家荣誉称号颁授仪式上，“杂交水稻之父”袁隆平被习近平总书记授予“共和国勋章”。细心的人会发现，在上台领奖时，他跟总书记说了句悄悄话，而总书记边听边露出了喜悦的笑容。他跟总书记说的到底是什么？这只有几秒钟的交流为何就让总书记笑逐颜开了呢？事后的采访给出了答案，那句悄悄话就是：“我们正在向亩产 1200 公斤冲刺！”何止是总书记啊，全国人民听了这个数字都抑制不住地为之兴奋并充满了期待。

颁授仪式的第二天，袁隆平就不顾旅途劳顿急匆匆回到了湖南，回到了他的试验田。90 岁高龄的老人，几乎每天都要到试验田走走看看，从事水稻研究 50 多年来，他走过无数田间地垄，在农业科研第一线辛勤耕耘、不懈探索。究竟是什么让他如此执着于水稻的开发研究？这要从袁隆平的一个梦说起——

那是一个金色的梦，水稻和高粱一般高，稻穗像扫把一样长，颗粒像花生米那么大，他和三五好友水稻穗下乘凉……这个梦是他年轻时的梦，是一个禾下乘凉梦。在那个国家最为困难的时期，在目睹了国人被饥饿折磨得苦不堪言时，他深切地体会到“仓廪实，而天下足”的意义！粮食，对这样一个人口大国是多么重要啊！他下定决心，一定要解决粮食增产问题，不让老百姓挨饿。1975 年，他主持研发的杂交水稻试验田平均亩产超过 600 公斤；2014 年，他带领的科研团队实现了亩产 1000 公斤的超级稻目标！这个梦，不再是梦！

于是，他又做了一个梦，一个多彩的梦：黄皮肤的亚洲人、黑皮肤的非洲人、白皮肤的欧洲人还有棕色皮肤的拉丁美洲人，都在使用他的杂交水稻技术，不同肤色的人在世界各地与他隔空对望，和平鸽在空中飞得那么自由、那么惬意……将杂交水稻推广到世界上其他国家和地区，造福更多的老百姓，是他的“杂交水稻覆盖全球梦”！ 1979 年，杂交水稻作为我国出口的第一项农业专利技术转让给美国；此后，他与联合国粮农组织、国际水稻研究所等机构一起合作，把杂交水稻专业技术推广到越南、泰国、印度、菲律宾等 30 多个国家和地区……他的这个梦，也实

袁隆平走过无数田间地垄，在农业科研第一线辛勤耕耘、不懈探索

现了。

如今他 90 岁了，还敢做梦么？当然敢！这次是一个蓝色的梦。稻田泛着蓝色的光芒，水稻依然长势喜人……这次他要在盐碱地上种水稻，水稻的名字——“海水稻”。如果研究成功，就可以有效扩大耕地面积，让中国的粮食生产水平再上一个新的台阶！

一辈子做梦，一辈子圆梦，这就是袁隆平。他选择将自己的一生与土地紧紧相连，因为——

我有一个梦，梦想增产增粮，国人欢唱；

我有一个梦，梦想粮食满仓，国家富强；

我有一个梦，梦想永无饥荒，天下安康！

上“学习强国”，进一步了解红色故事

邱少云的枪

讲述人

兴国县将军园　范　颖

在中国人民革命军事博物馆这座红色殿堂里，每一件文物，都诉说着感天动地的故事；每一件藏品，都铭刻着气壮山河的传奇。而我，只是他们中普通的一员。我是邱少云的枪，陪伴主人经历了生死考验，见证了主人最后的心跳。

我那被烧成炭黑色的枪托，是那场悲壮战斗的见证。那是1952年10月，敌人控制的391高地，像一颗毒牙嵌在志愿军的阵地。主人所在的部队准备在黄昏时发动突然袭击，拔掉这颗毒牙。他带着我乘夜潜伏于距敌前沿仅60余米的草丛中。第二天中午，敌人发射的燃烧弹引燃了他的棉衣，火焰在主人身上肆虐。为了不暴露整个潜伏部队，主人强忍剧痛一动不动，双手深深插进了泥土，我也被主人牢牢地压在身下。那一刻，主人的头发被烧焦、身体被火焰吞噬，我也经历烈火焚身的痛楚，我多想主人能带着我离开啊！因为他才刚刚上交入党申请书，还没来得及入党；因为他在入朝参战前唯一的家信中，曾答应家人要带着光荣返乡；因为这个只有26岁的年轻生命，还没等到梦中的那个她。可我知道，主人不会离开，因为他已下定决心：为了整体，为了胜利，宁愿牺牲自己，决不暴露目标。

时间已经过去了60多年，可我依然能听见主人热烈的心跳，能体会他无声的誓言，能看见烈火中的永生！

这就是我，一支枪的生死传奇，一支枪的涅槃重生，一支枪的不朽军魂！

在人民军队可歌可泣的革命征程中，与邱少云相似的故事还有很多很多——

土地革命战争时期，在我的家乡江西兴国，全县 23 万人口，参军参战的就有 93000 多人，为国捐躯的达 55000 多人，长征路上平均每一公里，都有一位兴国烈士化作生命的路标。

抗日战争时期，北京密云县一位名叫邓玉芬的母亲，把丈夫和 5 个孩子送上前线，他们全部战死沙场。这是成千上万中华儿女毁家纾难、舍生取义的一个缩影。

解放战争时期，邓小平说："只要歼灭了敌人南线主力，中野就是打光了，全国各路解放军还可以取得全国胜利，这个代价是值得的。"

抗美援朝战争时期，秦基伟说："国内像十五军这样的部队

这支枪诉说着邱少云的生死传奇、涅槃重生和不朽军魂

多得是，但上甘岭只有一个，就算十五军打光了，也要守住上甘岭。”

从普通战士到高级将领，从人民群众到战斗英雄，他们为了中国革命的胜利，前赴后继、不懈奋斗！他们无畏的牺牲，值得我们永远铭记！他们谱写的荣光，值得我们永远铭记！他们奋斗的事业，我们要永远接续！

上“学习强国”，进一步了解红色故事

信仰的力量

讲述人

咸丰县忠堡大捷遗址及烈士陵园　张　然

2019 年 9 月 25 日，由中央宣传部等九部委联合授予我的爷爷张富清等 278 名为新中国成立和建设作出过突出贡献的人士“最美奋斗者”称号。上甘岭特级战斗英雄黄继光赫然在列。

记得小时候，爷爷喜欢给我讲英雄的故事，也曾给我讲黄继光的故事。

1951 年 3 月，黄继光成为抗美援朝保家卫国的一名志愿军战士。1952 年 10 月，上甘岭战役打响，黄继光所在部队奉命夺取上甘岭 597.9 高地，战斗十分惨烈，一个又一个爆破手倒在冲锋路上，一批又一批战士倒在血泊中。身为通信兵的黄继光主动请战，在火线上被任命为代理班长，之后带领两名战士进行突击爆破。他们像猛虎一样跃出战壕，勇敢机智地摧毁了敌人的多个火力点，但其中仍有一个地堡占据险要位置，疯狂的扫射挡住了部队的前行。突击队的一名战友牺牲了，另一名战友也身中数弹，黄继光左臂被打穿，身体也多处受伤，爬行的身后是一路血迹。眼看天将大亮，黎明前一定要占领高地，此时弹药用尽、身负重伤的黄继光顽强地站了起来，只见他张开双臂，勇敢地扑向了地堡的枪眼，用胸膛堵住了敌人的火力点，尽管身体已被射得像是蜂窝，但他的双手依旧死死地抓着地堡前的麻袋。就是黄继光这舍生忘死的一扑，为部队争取了宝贵的时间，战友们喊着“冲啊，为黄继光报仇”，最终取得了战争的胜利。战后，黄继光被追记特等功，授“特级英雄”称号。

2018年12月，我也和大家一样，知道了爷爷曾是一名战斗英雄，在枪林弹雨中出生入死，立下赫赫战功。几乎每次战斗，爷爷都加入了突击队，要么是突击队员，要么是突击组长。他也是像黄继光、董存瑞那样以血肉之躯冒死去炸敌人的碉堡。有人问爷爷：“为什么每次打仗你都是充当突击队员，难道不怕死吗？”

爷爷回答：“打仗靠的是信念和勇气，不怕死，这样才能打胜仗！”

爷爷和“黄继光们”为什么不怕死，能够以血肉之躯冒死去炸敌人的碉堡为大部队开路？我想，最根本的原因就在于他们内

对党的信仰、对人民的信仰，让英雄将生死置之度外

心深处的崇高信仰。

黄继光扑向枪眼的那一刻，是多么伟大悲壮的一刻。一个人，内心深处有多大的勇气，才能战胜恐惧，作出这必死的选择？我想，这样的选择，和爷爷当年背着两个炸药包、16 枚手榴弹，夜间攀上守卫森严的永丰城，连炸敌人两座碉堡是一样的。这种舍生取义的精神，这份视死如归的决心、将生死置之度外的英勇，源自他们内心深处的崇高信仰。这种信仰，是对党的信仰，对人民的信仰。

正是有了这信仰和这信仰的力量，中国革命才能不断从胜利走向胜利，新中国才能巍然屹立于世界的东方；正是有了这信仰和这信仰的力量，我们党才能克服一个又一个困难，带领全国各族人民走向中华民族的伟大复兴。

爷爷说："英雄的故事，红色的故事，要永远讲下去。"

会的，英雄的故事，红色的故事，我们将永远传颂！

上"学习强国"，进一步了解红色故事

炼油就是炼“心”
——时代楷模陈俊武

讲述人

中国人民抗日战争纪念馆　刘景艳

“陈老，您都92岁了还上班打卡，真酷!”这位陈老就是中国科学院院士、我国著名的炼油工程技术专家、催化裂化工程技术的奠基人——陈俊武。

20世纪60年代，我国有了自己的油田，可是怎么提炼呢?怎么让原油变成可用的汽油呢?这个难题摆在了大家面前。陈俊武说：“这就像有了上好的稻谷，却依然吃不上香喷喷的白米饭。”

那怎么办?为独立自主研发炼油新技术，年轻的陈俊武担任了我国第一套流化催化裂化装置的设计师。

有人会问：什么是催化裂化?

简单地说，就是把采出的原油，炼制成机车能用的汽油柴油的炼油技术。

对于这个被西方国家技术垄断的领域，陈俊武开始了艰难的技术攻关。工作忙起来，他干脆住在工厂里，两三个星期不回家都是家常便饭。为了让新技术尽快投产，他带领技术人员奋战了1460个日夜，前后修改了1000多张图纸。

1965年5月5日，在陈俊武的推动下，由我国自主开发、自行设计、自行施工安装的流化催化裂化装置一次性投产成功，中华大地上从此诞生了中国人自己造的汽油，带动我国炼油技术一举迈过了 20 年。此后，陈俊武又主持完成了同轴式催化裂化、渣油催化裂化等技术，将炼油核心技术牢牢掌握在我们自己手中。中国成为世界第二催化裂化大国。

陈俊武说：“从加入中国共产党的那一天起，我就做好以身许国、一生献科学的准备了，无怨无悔。”从此，“国家需要”就是陈俊武的初心，“为了国家需要而奋斗”就是陈俊武的使命。

20 世纪 90 年代，我国石油资源不足，越来越依赖进口原油，陈俊武再一次站了出来，下决心要解决这个难题。2010 年 8 月 8 日，中国自主研发的甲醛制烯烃装置一次性投产成功，使中国的技术水平屹立世界潮头。陈俊武作为试验装置的技术指导和工程设计的带头人，为筑牢国家能源安全基石，交出了一份完美的答卷。

“国家需要”是陈俊武的初心，“为了国家需要而奋斗”是陈俊武的使命

从 1949 年参加工作至今，陈俊武不仅率领团队创造了石油炼制、煤化工领域的多个中国第一、世界第一，退休后仍著书育人，为我国石化行业培养了一大批优秀人才。

在大部分人眼中，陈俊武是勇攀高峰的大科学家，但生活中的他又是个极具平常心和爱心的人：他会独自买票挤公交车，也会在路边摊随便吃上一碗面条；他还拒绝了组织分配给他的 100 多平方米的房子，甚至把自己的奖金都捐给贫困地区。

时代楷模陈俊武有一句名言激励着很多人：“奉献小于索取，人生就暗淡；奉献等于索取，人生就平淡；奉献大于索取，人生就灿烂。”

上“学习强国”，进一步了解红色故事

绝 战

讲述人

赣榆抗日山烈士陵园　于　雪

由于“左”倾错误路线的影响，中央红军第五次反“围剿”失败，1934 年 10 月，中共中央机关和中央红军被迫进行战略转移，踏上漫漫征途。11 月上旬，中央红军在湘江陷入国民党军队第四道封锁线的重兵围堵之中，湘江战役打响了……

面对国民党军队的 30 万兵力，8 万多名红军将士兵不卸甲、马不卸鞍，日夜奋战，只为一个坚定目标，那就是渡江，因为只有渡过湘江，才能保住中国革命的火种。

十万火急的前线激战，敌我双方在界首反复周旋。英勇的红军将士硬是在一分一秒的拼死抵抗中，抢出了渡江的安全通道。而后方，接受突围断后任务的红五军团 34 师正火速赶赴枫树脚。“同志们，如果一个团一个营一个连只剩下一个人，也要坚持到最后一刻，人在阵地在！”在师长陈树湘的指挥下，34 师与敌人鏖战了五天四夜，打退了敌方一次又一次的强势进攻，为红军主力渡江赢得了宝贵的时间。

在敌机的疯狂轰炸中，红军主力艰难渡过了湘江。此时，湘江两岸很快就被敌军控制，剩余部队的退路被完全切断。

敌人发起了猛攻，炮火的轰鸣、弹片的呼啸，与撼天动地的呐喊声混合交织在一起。

陈树湘清醒地意识到，34 师只能突围，于是他果断下令：寻找敌兵薄弱的地方突围，到湘南开展游击战争，万一突围不成，誓为苏维埃新中国流尽最后一滴血！

一处处的转战，一重重的拼杀。在一次反包围夜战中，冲锋在前的陈树湘腹部中弹、昏迷被俘……清醒过来的陈树湘发现自己躺在担架上，敌人正抬着他准备去邀功请赏！他趁看守不备，咬紧牙关，忍着剧痛，将手从伤口伸入腹部，用尽全身最后一丝力气扯断了自己的肠子……陈树湘慷慨就义，年仅 29 岁的他践行了“为苏维埃新中国流尽最后一滴血”的豪迈誓言。

凶残的敌人并未罢休，将他的头颅悬挂在故乡湖南长沙县的城门上。头颅正对着一条小街，那里有陈树湘的家，家中有年迈的母亲和新婚离别的妻子！这竟是陈树湘与挚爱亲人的最后相聚。

陈树湘用生命诠释了勇于胜利、勇于突破、勇于牺牲的精神

湘江战役持续了整整5个昼夜，数万名和陈树湘一样英勇的红军将士壮烈牺牲，他们的鲜血染红整个江水，当地百姓“三年不饮湘江水，十年不食湘江鱼”。但突围红军从死亡线上走了出来！1935年1月，中共中央在遵义召开了政治局扩大会议，从此，中国革命从胜利走向胜利……

2014年10月，在福建古田，习近平总书记深情讲述了湘江战役中陈树湘“断肠明志”的壮烈故事，并强调说，我们要“把先辈们用鲜血和生命铸就的优良传统一代代传下去”。

一个不记得来路的民族，是没有出路的民族。站在历史的新节点、踏上时代的新征程，湘江战役中所体现出的“勇于胜利、勇于突破、勇于牺牲”的精神将继续鼓舞我们奋勇前进！

上“学习强国”，进一步了解红色故事

你退后，让我来

讲述人

固原六盘山红军长征纪念馆　张丽丽

2019 年 12 月 3 日是“扫雷英雄”杜富国 28 岁生日，我和他相差不过 2 岁，同为 90 后的我们，备受期待，也遭受过嘲讽，在别人眼中，往往我行我素，狂放不羁爱自由。

时间定格在 2018 年 10 月 11 日下午，杜富国所在的南部战区陆军云南扫雷大队如同往常一样进行扫雷作业，作业组长杜富国带着战士艾岩在一片爆炸物密集的阵地雷场小心翼翼地搜排着。忽然，他们发现一个少部分露于地表的弹体，经初步判断是一颗当量大、危险性高的加重手榴弹，而且下面可能埋着一个雷窝。杜富国立刻向上级报告并接到了“查明有无诡计设置”的指令后，他向同行的战友艾岩下达了命令：“你退后，让我来！”仅仅几秒钟之后，在青山密林之间传来了“轰”的一声巨响，弹体爆炸了，他下意识地倒向了战友艾岩的一侧。飞来的弹片伴随着强烈的冲击波，把杜富国的防护服炸成了棉絮状，也把他炸成了一个血人，一个伟岸的身躯倒在了血泊之中。而正是因为杜富国这舍生忘死的一挡，才能使旁边的战友仅受皮外伤。

由于伤势过重，医生迫不得已为杜富国进行了双手截肢、双眼摘除手术。几天以后，意识与知觉渐渐恢复的杜富国下意识地抬起了手臂，为什么够不到眼睛？怎么短了这么多？带着诸多疑问，他似乎渐渐明白了。当医生告知他被截去双手、摘除双眼，再也无法给妈妈一个拥抱，再也不能看到妻子明媚笑脸的残酷事实时，他沉默了。几秒钟过后，这名帅气的军人只是平静地说了一句："请你们放心，给我点时间让我慢慢适应。"

治疗期间，杜富国的手臂常有幻觉痛，感到手还在，"手指头"会痛，就像刀子割肉一样痛。即使在这么痛的情况下，杜富国也从未流过一滴泪，因为怕父母更伤心。坐在病床旁的杜妈妈一直安慰儿子："你有什么就叫出来，哭出来会好受些。"杜富国每次都是那句："妈，我没事，我不疼！"

记者采访时问杜富国：当你很多熟悉的动作找不回来的时候，那种挫折感会强吗？

他微笑着说：我觉得康复最好的是心态，我只是换了一种生活方式的正常人。

一年以来，经历过无数次大大小小的手术，付出了极为艰辛的努力，杜富国从走路跑步、穿衣吃饭、刮脸洗漱这些最基本的

杜富国一次次战胜自己，用"永远前进"来诠释一名中国军人的光辉信念和应有担当

生活技能开始，从扫雷战场到生活战场，他用那双装有假肢的手写下了“永远前进”四个字。他又一次战胜了自己，也许，这世间还有一种英雄主义，那就是当你全盘接受了命运的安排后，还能毅然决然地走下去。

让我们记住这张阳光、帅气、温暖的脸庞。虽然伤痛无情地划伤了他的脸，但是一个英雄的形象永远刻画在了我们的心中。他在生死存亡之际用“你退后，让我来”来宣示自己的高尚品质；在失去双目、双手之后，他用“永远前进”来诠释一名中国军人的光辉信念和应有担当。

不是只有炮火纷飞的战争年代，才有英雄的舞台，在任何一个时刻，英雄都不曾离我们远去。在用生命征服“死亡地带”的征程中，杜富国和他的战友将一块块和平安宁的土地交还给山区人民，也用最美好的青春诠释了人民子弟兵的真正含义。让我们一起为他送上迟到的生日祝福：28岁的年轻战士，生日快乐！

上“学习强国”，进一步了解红色故事

我心中的雷锋

讲述人

伊犁林则徐纪念馆　袁晓梅

“学习雷锋好榜样，忠于革命忠于党。”当耳边响起这熟悉的歌声时，您的心是否会颤抖？

雷锋，一个光辉的名字，一个家喻户晓的名字。他仿佛一盏灯，照亮我们每个人的心。几乎所有人都听过雷锋的故事。雷锋的每个故事都体现了他爱岗敬业、无私奉献的精神。

在我身边就有这样一位雷锋式的模范人物。

宋晓英是新疆伊犁第一位聋哑儿童语言培训教师。她参与筹办了伊犁州第一所聋哑儿童语言培训学校。

在学校里有些孩子年龄小，语言培训初期，宋晓英几乎每天晚上都要起夜，提醒孩子们去小便。还有一些孩子因为抵抗力差，秋冬季节经常晚上发烧，宋晓英就和家人夜里抱着孩子去医院看病、打点滴。有时一忙就是一整晚，但是她从来没有一句怨言。第二天依旧坚持到学校去给孩子们上课。

20 多年来，宋晓英先后牵着 86 名残疾儿童的小手，穿梭在自己家和学校之间。功夫不负有心人，随着社会的广泛关注和国家政策的大力支持，宋晓英已经将最初只有 6 名学生的培训班，发展到如今拥有 17 个班、190 名学生的寄宿制学校。现在已累计受训 3200 人，63 名残疾儿童走向了社会，成为自食其力、对

宋晓英坚守在特殊教育的工作岗位上，让越来越多的残疾儿童走向了社会

社会有用的好青年。

一个人，一所学校。宋晓英在这个特殊教育的工作岗位上坚守了 30 多年。这正体现了无私奉献的雷锋精神。

雷锋是我们人生奋斗的榜样，雷锋精神是新时代的动力，雷锋精神永远不会过时！

上“学习强国”，进一步了解红色故事

东山最美的“木麻黄”

讲述人

浙江省博物馆　金　灿

朋友，你知道一种叫木麻黄的树吗？其貌不扬，却有着发达的根系，深深扎在泥土中，拥抱大地，用它的根茎“守护”住每一粒泥土。

有一位县委书记也像木麻黄一样，用他的一生守护着一方水土、一方百姓，他就是谷文昌。尽管他已离开我们38年了，但当地百姓始终没有忘记他，“先祭谷公，后祭祖宗”在福建东山已相沿成习。

谷文昌为什么能在老百姓心中有那么高的地位呢？故事要从1950年说起。

那年，谷文昌随部队解放福建省东山县，从此和东山结下不解之缘。

东山县位于福建省漳州市，一年中有半年多的时间刮6级以上大风，400多座山头、3万多亩沙滩寸草不生。风沙肆虐之时，农田被侵袭、住所被掩埋，老百姓只能外出乞讨。“不把人民拯救出苦难，共产党来干什么？”谷文昌感慨连连，写下军令状：“十年内全面实现绿化，根本解决风沙灾害。”

但实现这个目标，谈何容易？沙刚刚搬走，风一吹，又埋上了。树刚刚种下，风一卷，又倒下了。相思、苦楝、黄榉……十余个树种轮了个遍，却无一成活。有人说：“这沙灾，连神仙都治不好，听天由命吧。”但谷文昌没有气馁，他对天发誓：“不治服风沙，就让风沙把我埋掉！”

为了找到合适的树种，谷文昌和技术人员通过各方寻找资料，终于打听到广东省电白县成功种活了一种叫木麻黄的树，非常适合防风固沙，他立即派人前往并要来了树苗。

1958 年的春天，仅仅用了 4 天时间，数十万株木麻黄就种遍了东山县，一派喜人景象。然而失败总是不期而遇，这年的东山县遭遇了持续一个多月的倒春寒，几乎所有树苗都冻死了。这一次，又失败了吗？每个人的心里都沉甸甸的。这时，技术人员汇报，还有 9 棵木麻黄活着！望着那 9 棵绽放着新绿的木麻黄，谷文昌欣喜地说：“有 9 棵，就会有 90 棵、900 棵、9000 棵，90000 棵！”

人民对谷文昌的怀念和爱戴久而弥笃，成为一座永不褪色的丰碑

面对新的希望，谷文昌带领所有东山人热火朝天地干起来，由 9 棵木麻黄发展到 20 亩绿地，再到 421 座山头、3 万亩沙滩尽披绿装！"神仙都难治"的风沙，被共产党人治服了！

从此，绿树阴阴代替了黄沙漫漫，笑语盈盈代替了愁云重重，这个别名"蝶岛"的海岛完成了华丽蜕变，终于破茧成蝶！

我第一次知道谷文昌的名字是在 2005 年 1 月，当时我正准备公务员考试，看到了习近平总书记的《"潜绩"与"显绩"》一文，文中写道："谷文昌之所以一直受到广大干部群众的敬仰，是因为他在任时不追求轰轰烈烈的'显绩'，而是默默无闻地奉献，带领当地干部群众通过十几年的努力，在沿海建成了一道惠及子孙后代的防护林，在老百姓心中树起了一座不朽的丰碑。"

如今，我从事基层公务员工作已经 14 年了，我反复追问自己：党员干部究竟应该树立怎样的政绩观？今天讲述谷文昌的故事，让我找到了答案，那就是：多做埋头苦干的实事，不求急功近利的"显绩"，创造泽被后人的"潜绩"。

木麻黄的根深植于大地，从不招摇、从不彰显，谷文昌的心也深系人民，从不犹豫、从不退缩。他为人民献出了一位共产党员的全部忠诚，人民对他的怀念和爱戴久而弥笃。谷文昌成为一座永不褪色的丰碑。

上"学习强国"，进一步了解红色故事

梦想之路的开拓者

讲述人

华东革命烈士陵园　张艺馨

如果说青春是船，梦想则是帆；如果说梦想是路，青春则是灯。今天我要讲述的是一批为了梦想之路——“天路”而默默奉献的开拓者。

2006 年 7 月 1 日，青藏铁路正式开通，铁路建设史由此写下了辉煌的一页。这条铺就在世界屋脊的“天路”留下了广大建设者的足迹。一条“天路”修到拉萨，为藏区人民带来了希望。那一镐一个星火开拓出来的漫漫征程上，鸣奏过一首首青春的壮歌，形成和发扬了“一不怕苦、二不怕死，顽强拼搏、甘当路石，军民一家、民族团结”的“两路”精神。

罗生芳就是“天路”开拓者中的一员，他是一名基建工程兵，1974 年与一万多名指战员一同对青藏公路进行整治改造。在高海拔地区铺设沥青，本来就困难重重；而且在当时的中国，施工设备很落后，修路基本都是靠双手干出来的。而伙食就更差了，吃的是那种焜锅馍馍，外面非常硬，每次吃饭的时候，先拿石头把它敲碎，然后含在嘴里，用口水把它泡软化，再慢慢吃下去。在改造唐古拉山路段时，由于海拔极高，空气含氧量只有内地的一半，被称为“生命禁区”。别说干活，就是在上面走动也会觉得头昏、胸闷、气喘。他眼睁睁地看着自己的战友在他身边倒下去，就再也没有起来……可罗生芳并没有退缩，而是靠着一种不怕死的精神，在地质情况最复杂、任务最艰巨的环境中，整整奋斗了 11 年。

有一天，罗生芳在路上遇到桥塌事故，只得原地等待。司机师傅得知他是修建青藏公路的，对他非常热情，说："你们是在修西藏人民千百年来在神话和歌谣中期望的'金桥'啊，路修好了，老百姓的病可以到外面治，生活才有盼头！"那一瞬间，罗生芳明白了：这条路，非修不可！为了兑现给西藏同胞修一座"金桥"的承诺，他一往无前，无问西东！

在罗生芳的感召下，他的儿子罗正廷 2002 年应招修建青藏铁路，也成了"天路"的开拓者。在爷爷、父亲艰苦岁月故事的影响下，罗生芳的孙子罗昌强对青藏线也有了更深的向往，19 岁时他便参军入伍来到格尔木，成了"天路"的守护者。

青藏铁路这条铺就在世界屋脊的"天路"为藏区人民带来了希望

在最好的年华里，一家三代都选择了一条充满艰辛和挑战的路——将自己的青春抛洒在这片圣洁的青藏高原。

2014年，罗昌强和父亲罗正廷带着爷爷罗生芳来到了昆仑山，祖孙三代人同其他战士一起在驻区门前种下了56棵小树。

三代人的青春，三代人的年华，三代人的使命，三代人的梦想。青藏高原不会忘记，曾有千千万万个家庭，无数个他们，用最好的年华筑起“两路”精神丰碑，他们像芨芨草一样，把根深深地扎进雪域高原，永远守护着这条给藏民带来幸福的“天路”！

上“学习强国”，进一步了解红色故事

愿将一生献宏谋

讲述人

周恩来邓颖超纪念馆　刘李小伟

一句嘱托，许下了一生；

一声巨响，惊诧了世界；

一个名字，荡涤了人心。

一个铸核卫盾一甲子的传奇，

一辈子心甘情愿为国家、为人民保驾护航的民族脊梁！

他，就是我国著名的核物理学家——于敏。

过去，对于多数人来说，“于敏”这个名字，是十分陌生的。他的故事，也甚少在媒体和教科书中出现。如果不是在 1999 年获得“两弹一星”功勋勋章，如果不是在 2014 年获得国家最高科技奖，也许我们永远不会知道，他，曾为中国氢弹事业作出重大贡献。

每当在媒体上看到“于敏，天津宁河人”这样的文字时，我的内心就充满了自豪和骄傲。作为家乡人，流连在于敏曾就读过的耀华中学，时光仿佛把我们带回了那个久远的年代，依稀可见晨光中那个读书的少年。

1926 年，于敏出生于天津市宁河县芦台镇，在那个兵荒马乱的年代，他发奋学习，希望有朝一日能重振山河！1944 年，18 岁的于敏不负众望，以优异的成绩考上了北京大学工学院。

后来，于敏转入了理学院，如饥似渴地学习，学习成绩优异，曾因在平均分 20 分的数学考试中获满分而轰动北大。

1945 年 8 月 6 日，美国向日本广岛投掷的原子弹震动世界，也让于敏感受到了原子裂变的威力，他知道自己的祖国积贫积弱，于是决定走科学救国的道路，将自己的专业方向定为理论物理。1961 年，于敏开始了长达 28 年的氢弹研究工作。

氢弹研究是一个全新的领域，当时被核大国列为国家安全最高机密。那时的科研人员只知道氢弹的释放当量比原子弹要大几十倍、上百倍，至于怎么造氢弹，最核心的问题是什么，谁也说不清楚。于敏没有任何海外留学经历，一切研究也几乎都是从零开始。他与团队使用的是最简陋的设备，甚至把算盘、计算尺这些原始工具都用上了。多少个日日夜夜，于敏终于找到了突破氢弹的技术路径，形成了从原理、材料到构型完整的氢弹物理设计

于敏从零开始进行氢弹研究，这一切都是为了国家需要

方案，并立刻投入核试验检验。试验场远在西北大漠，生活条件异常艰苦，吃的是夹杂沙子的馒头，喝的是苦碱水；茫茫戈壁飞沙走石，大风如刀削一般，冬天气温达零下 30℃，道路冻得像搓衣板……而这一切，于敏都甘之如饴，他说："国家需要我，我一定全力以赴。"

1967 年 6 月 17 日，蘑菇云在新疆罗布泊上空腾空而起，一声巨响震惊世界。我国第一颗氢弹空投爆炸试验成功！从第一颗原子弹到第一颗氢弹，美国用了 7 年零 3 个月，苏联用了近 4 年，英国用了 4 年零 7 个月，法国用了 8 年 6 个月，而中国，仅仅用了 2 年零 8 个月。中国的氢弹从无到有，完全是自主化产物，是最地道的中国制造。

回顾自己的科研历程，于敏曾淡然地说：一切都是为了国家需要！是啊！为了国家的需要，"愿将一生献宏谋"！新时代的我们要牢记于敏的嘱托，珍惜当下的幸福生活，努力学习、砥砺品格，把个人的理想追求融入国家和民族事业中，接过历史的接力棒，为实现中华民族伟大复兴的中国梦而努力奋斗！

上"学习强国"，进一步了解红色故事

时刻准备着

讲述人

河北省博物馆　张　平

2003 年中国载人航天飞船首飞成功，航天员杨利伟返回地面出舱后，有一个人走上前来握着他的手说，“利伟，好样的”。听了这句话，杨利伟非常激动。因为这个人就是他的老师——吴杰。

吴杰的身份很特殊，他既是航天员也是教练员。1996 年，作为部队优秀飞行员，吴杰被选拔为航天员，派往俄罗斯加加林宇航员科研训练中心接受培训。由于时间紧迫，我国向俄方提出将培训时间由常规的 4 年缩短为 1 年。抱着绝不能给国家丢脸的信念，吴杰咬牙克服了一个个炼狱般的挑战。8 个 G 载荷的离心机压得他喘不过气来，内脏无比疼痛；在北极圈冰天雪地零下 50 ℃的低温中进行野外生存训练，两天只睡了一个小时，不是他不想睡，而是不敢睡，害怕睡着之后会冻死过去；心理隔离训练时，一个人被封闭隔离在 10 平方米的小屋内，整整 3 天不能睡觉，还要按照训练程序 24 小时做规定工作内容。困得实在受不了，他就扯着嗓子，一遍又一遍唱《铡美案》。就这样吴杰熬过了一次又一次魔鬼式训练，最终被授予“联盟号飞船指令长”最高证书，这是俄罗斯第一次将这项荣誉授予外国人。

吴杰从俄罗斯回国后担负起培养中国航天员的重任，他身兼数职。他一方面要确保自己的训练任务能顺利完成，另一方面要毫无保留地向战友传授自己的学习心得，还要参加航天员训练大纲的制定等工作。每一次飞行任务，都是一场残酷的淘汰考核。虽然吴杰做好了“一颗红心，两种准备”，但亲身飞向太空是他一生中的最大渴望。他说：“只要我还在航天员队伍，我就有这种希望，我就会尽我百倍的努力。”

2003 年，中国首批 14 名航天员经过考核，都具备了升空的能力。但中国载人航天飞行任务的密度，决定了并不是所有人都能得到机会。2005 年，神舟六号计划搭载两名航天员升空，吴杰入选，但最后他只能看着费俊龙和聂海胜乘坐飞船冲破天际。2008 年，神舟七号发射，在出舱活动方面具备优势的吴杰充满了期待，遗憾的是他再次落选了。吴杰没有气馁，他主动申请当出舱活动教员，尽管没有亲自穿出舱服训练，但是他的教学工作

在时刻准备中，吴杰把最宝贵的年华献给了祖国的载人航天事业

对完成出舱任务提供了巨大帮助。2012年，吴杰再次迎来了飞向太空的机会，但这次要求三名航天员中，有一名是女航天员，一名是上过天的航天员，吴杰又错过了机会。那时，他已接近航天员服役的最高年限。2014年初，上级宣布了他和几位战友停航停训的命令，这就意味着吴杰再也没有飞天的机会了。在时刻准备中，吴杰把最宝贵的年华献给了祖国的载人航天事业。他说，我是追梦航天员。

航天员队伍中像吴杰这样的追梦人还有很多，20年，7305天，175320个小时，他们默默准备着，时刻准备着！

他们的等待和神舟飞行的辉煌，一同书写了中国航天史上最厚重的一页。“不忘初心，不悔始终”是他们坚定的格言；“特别能吃苦、特别能战斗、特别能攻关、特别能奉献”是他们牢记的信念；“艰苦奋斗、勇于攻坚、开拓创新、无私奉献”的载人航天精神是他们留给我们的宝贵精神财富。让我们记住：一个从未升上太空的航天英雄——吴杰，我们在这里向你致敬！

上“学习强国”，进一步了解红色故事

青山为证

讲述人

南湖革命纪念馆　焉　清

20 世纪 80 年代，人们在云南保山水果批发市场，经常会看到一位捡果核的老人。这位老人是谁？他又为何捡起这些果核？今天，我为大家讲述一位老人与一片绿洲的故事。

曾经山清水秀的大亮山，由于几十年的过度砍伐，变成了荒山秃岭。1988 年，一位老人从保山地委书记的岗位上退休后，带领一支 18 人的队伍，扎进了大亮山，开始了植树造林。很长一段时间里，他到处寻找树苗。每年的端阳花市是保山的传统节日，每到这个时候，他就到花市街上捡果核，实在捡不完，就发动林工一起去捡。这位老人就是杨善洲，他捡起的一个个小果核，在岁月轮回中，渐渐长成一棵棵枝繁叶茂的果树。

那么，是什么让杨善洲在退休后毅然回到家乡，建造起一片绿洲呢？

在一次修剪树枝途中，70 多岁的杨善洲，一不小心滑倒，左腿粉碎性骨折。大家想，老书记可以休息了。可是半年后，他拄着拐杖再一次回到了大亮山，他深爱这里的一草一木，他离不开这座山。

在一些人看来，杨善洲为了工作而忘了亲情，其实，他藏在心里对亲人的爱是同样厚重的。母亲去世前，他衣不解带伺候了

9个日夜，在母亲去世时，他把母亲紧紧搂在怀里，哭泣地说："妈妈，我是国家的人，对你不孝，对不起。"妻子因病住院，杨善洲在身边守候了13个日夜，他对孩子说："给我一次机会，让我好好照顾她吧。"

他几乎把所有的时间和爱都给了人民，因此他经常忘记家人的召唤，忘记浑身的病痛，甚至忘记自己的年龄，但他从来没有忘记过那个特别的身份——共产党员。

2009年，杨善洲把价值3亿元的大亮山林场的经营管理权无偿交给国家，并一再嘱咐，要让老百姓得到实惠。为了纪念老书记，大亮山林场更名为"善洲林场"。因为他在大亮山的突出贡献，政府奖励给他20万元。他把10万元捐给了保山一中，设立奖学金，6万元捐给林场和附近的群众。一生清贫的他，这一次留下了4万元给了妻子养老送终。

青山为证，杨善洲做到了离岗不离党，退休不褪色

去世前3个月，身患癌症的杨善洲最后一次走上大亮山，病重的他喘得很厉害，每走几步就要停下来歇歇。望着亲手培育的这片树林，抚摸着这里的一草一木，他依依不舍，生命即将消散，爱，却无法减淡。

2010年10月10日，一个被称为十全十美的日子，杨善洲静静地走了。按照他的生前遗愿，家人把他的骨灰分别放在了3个地方：大柳水，是杨善洲的出生地，他说“要陪伴亏欠太多的老伴”；清平洞，是杨善洲最钦佩的爱国将领邓子龙点将的地方；大亮山，是杨善洲最牵挂的热土。所有的墓地都没有墓碑，没有任何标识，陪伴他的，只有脚下绵延的土地和伸向蓝天的大树。

今天，我们在满目的翠绿中找到了答案！青山为证，是离岗不离党，是退休不褪色；

今天，在善洲林场，仍然有一批护林员追随着老书记的足迹，年复一年；

今天，善洲精神，也已经化作推动中华民族前进的力量，代代传承。

上“学习强国”，进一步了解红色故事

国家需要

讲述人

平型关大捷遗址　王　岩

听说过他的人，都忘不了他那温和的笑容和温暖的手，忘不了他转身“抹泪”的背影。他是最年老的卫星工程总设计师，也是最年轻的“两弹一星”元勋。“东方红一号”开启中国太空时代，“嫦娥一号”迈出中国深空征程，40 年 100 余颗中国星，他的“孩子”就有 34 个。81 岁时，他又获得了国家最高科学技术奖。他就是“共和国勋章”获得者孙家栋。

7 年学飞机，9 年造导弹，43 年放卫星。对几次关键的人生转折，孙家栋说：“国家需要，我就去做。”

1957 年，正在苏联留学的孙家栋在莫斯科大学的礼堂亲耳聆听了毛主席那番著名的话：“世界是你们的，也是我们的，但是归根结底是你们的。”毛主席第一次讲，孙家栋第一次听，青年人的血液霎时沸腾，他说：“那时候就下了决心，国家需要你干什么事情，就去干。”

1970 年 4 月 24 日，我国第一颗人造地球卫星“东方红一号”发射成功，我国成为世界上第五个能够发射人造卫星的国家。孙家栋直言，“东方红一号”发射成功，最大的感受是“扬眉吐气”！ 2004 年，我国正式启动探月工程，已是 75 岁高龄的孙家栋再次披挂上阵，挑起工程总设计师的重任。很多人不理解，早已功成名就的孙家栋为什么还要接受这项充满风险的工作？孙家栋还是那句话："国家需要，我就去做。"

2007 年，当"嫦娥一号"卫星绕月成功的信号传回指挥中心，人们欢呼、拥抱、握手庆祝，孙家栋却一个人走到僻静角落，转过身，掏出手绢，擦去眼角的泪水。

孙家栋说："那一瞬间，感觉到的心情完全不一样，说不出来那种自豪感。证明了我们中国的航天事业，进入了深空探测这个行列。"

2009 年 3 月 5 日，钱学森给孙家栋写去一封信，98 岁的老人亲手签了名。信中说："您是我当年十分欣赏的一位年轻人，听说您今年都八十大寿了，我要向您表示衷心的祝贺！您是在中国航天事业发展历程中成长起来的优秀科学家，也是中国航天事业的见证人……"孙家栋流着眼泪一字一句细看，为钱学森在信

孙家栋用"国家需要，我就去做"的初心使命照亮了从航天大国走向航天强国的路

中7次提及“您”这个称呼感动不已，心绪难平。

少年勤学，青年担纲，你是国家的栋梁。导弹、卫星，嫦娥、北斗，满天星斗璀璨，写下你的传奇。年过古稀未伏枥，犹向苍穹寄深情。2019年9月17日。国家主席习近平签署了主席令，授予孙家栋“共和国勋章”。

“共和国勋章”授予了为国家需要而奋斗不已的人，让“国家需要”这4个大字，在我们的天空里，璀璨夺目。孙家栋把初心、使命镶嵌于天际宇宙，照亮从航天大国走向航天强国的路！照亮中华民族伟大复兴的梦！

上“学习强国”，进一步了解红色故事

第二届全国红色故事讲解员大赛获奖名单

专业组金牌讲解员

中国人民抗日战争纪念馆　王经纬

91423 部队军史馆　胡静

上海龙华烈士陵园　赵峰

联勤保障部队某医院院史馆　郭娅

南昌八一起义纪念馆　周甜

铁人王进喜纪念馆　郑媛元

中国甲午战争博物院　徐淑钰

鸦片战争博物馆　王亚楠

抗美援朝纪念馆　裴亚男

东北烈士纪念馆　李岸洋

志愿组金牌讲解员

国防科技大学国际关系学院院史馆　崔义佳

闽西革命烈士纪念馆　廖素清

国家超级计算无锡中心　徐丽华

淮海战役纪念馆　魏天梅

叶挺纪念馆　刘海伦

东北沦陷史陈列馆　王月

兴安盟内蒙古自治政府纪念地　李思宇

德州市冀鲁边区革命纪念园　马洋

新余市罗坊会议纪念地　孙艺

邓小平故居　李茜

专业组优秀讲解员

96601 部队军史馆　崔倩影

中国共产党第一次全国代表大会会址纪念馆　吴佳妮

重庆红岩革命纪念馆　刘帅

南昌市小平小道陈列馆　任梦

山西省八路军太行纪念馆　田悦慧

武昌区毛泽东旧居及中央农民运动讲习所旧址纪念馆　熊思宇

辛亥革命武昌起义纪念馆　陈清

淮海战役纪念馆　梁天琪

东北沦陷史陈列馆　王漫

西柏坡中共中央旧址　袁晶

华东革命烈士陵园　张瑞洁

中共四大纪念馆　王力

铁人王进喜纪念馆　侯慧宇

深圳博物馆　王晓晨

南京市雨花台烈士陵园　郭琦

广西民族博物馆　程晖

鄂豫皖革命纪念馆　袁咏

天津博物馆　田欣

兴安盟内蒙古自治政府纪念地　荣雪莲

中国人民革命军事博物馆　贾筱艺

中国人民革命军事博物馆　温泽

邓小平故居　聂静

延安革命纪念馆　白婷

百色起义纪念馆　梁媛

八路军驻桂林办事处旧址　李文麒

遵义会议纪念馆　刘霜

高台县烈士陵园　李菲菲

韶山毛泽东纪念馆　陈萍

新疆生产建设兵团军垦博物馆　蒋林杉

拉萨烈士陵园　索朗拉姆

重庆红岩革命纪念馆　卢叶

志愿组优秀讲解员

重庆红岩革命纪念馆　谭潇雪

松山战役遗址　尹丽

大同煤矿“万人坑”遗址纪念馆　贾俊杰

韶山毛泽东纪念馆　左媛媛

八路军驻桂林办事处旧址　杨菲

酒泉卫星发射中心历史展览馆　周霞

宋庆龄陵园　张欣怡

东北烈士纪念馆　孟娇

抗美援朝纪念馆　卢泺霖

乌兰夫纪念馆　安雪

73051 部队军史馆　贾玉名
鄂豫皖苏区首府革命博物馆　张亚君
中国印刷博物馆　李聪
叶剑英元帅纪念馆　贺晓博
遵义会议纪念馆　杨成野
甘肃省博物馆　马雨宁
南昌新四军军部旧址陈列馆　张辰
东北烈士纪念馆　赵晶磊
兴国县将军园　范颖
咸丰县忠堡大捷遗址及烈士陵园　张然
中国人民抗日战争纪念馆　刘景艳
赣榆抗日山烈士陵园　于雪
固原六盘山红军长征纪念馆　张丽丽
伊犁林则徐纪念馆　袁晓梅
浙江省博物馆　金灿
华东革命烈士陵园　张艺馨
周恩来邓颖超纪念馆　刘李小伟
河北省博物馆　张平
南湖革命纪念馆　焉清
平型关大捷遗址　王岩

后 记

为贯彻落实习近平新时代中国特色社会主义思想和党的十九大精神，继承革命文化、发展社会主义先进文化，培育和践行社会主义核心价值观，2019 年，由中共中央宣传部、文化和旅游部主办的第二届全国红色故事讲解员大赛在上海成功举办。

本次大赛以“讲好红色故事、传承红色基因、弘扬革命精神”为主题，吸引了来自全国爱国主义教育示范基地、红色经典景区和军队系统军史馆等 195 名讲解员参加，评出一批优秀单位、金牌讲解员、优秀讲解员，推出了一批感染人、教育人的红色故事。全国红色故事讲解员大赛成为培育社会主义核心价值观、培养民族复兴大任时代新人的有力品牌，成为传播红色文化、弘扬革命精神，进行爱国主义教育和革命传统教育的重要窗口。

党的历史是最生动、最有说服力的教科书。在百年接续奋斗中，党团结带领人民开辟了伟大道路，建立了伟大功业，铸就了伟大精神，积累了宝贵经验，创造了中华民族发展史、人类社会进步史上令人刮目相看的奇迹。在一百年的非凡奋斗历程中，一代又一代中国共产党人顽强拼搏、不懈奋斗，涌现了一大批视死如归的革命烈士、一大批顽强奋斗的英雄人物、一大批忘我奉献的先进模范，形成了井冈山精神等伟大精神，构筑起了中国共产党人的精神谱系。习近平总书记强调，要把先辈们的英雄故事讲给大家听，讲给年青一代听，激励人们坚定不移跟党走，为实现美好生活而奋斗。要抓好青少年学习教育，着力讲好党的故事、革命的故事、英雄的故事，厚植爱党、爱国、爱社会主义的情感，让红色基因、革命薪火代代传承。我们将本次大赛的获奖作品汇编成书，部分红色故事可扫码观看视频，使广大党员干部群众在阅读中接受红色精神洗礼，增强学习和发扬党的光荣传统和优良作风的政治自觉、思想自觉、行动自觉，为全面建设社会主义现代化国家、实现中华民族伟大复兴的中国梦而不懈奋斗。

在本书的编写过程中，得到了中央宣传部宣传舆情研究中心、东方卫视的大力支持和帮助，在此一并表示真挚的感谢！

全国红色故事讲解员大赛
组委会办公室

图书在版编目(CIP)数据

辉煌的历程:第二届全国红色故事讲解员大赛集萃/全国红色故事讲解员大赛组委会办公室编. —上海:上海人民出版社,2021
ISBN 978-7-208-16813-8

Ⅰ. ①辉… Ⅱ. ①全… Ⅲ. ①革命传统教育-中国-学习参考资料②英雄模范事迹-中国-现代 Ⅳ. ①D642②K820.7

中国版本图书馆 CIP 数据核字(2020)第 217375 号

责任编辑 沈骁驰
封面设计 汪 昊

辉煌的历程
——第二届全国红色故事讲解员大赛集萃
全国红色故事讲解员大赛组委会办公室 编

出　　版 上海人民出版社
(200001 上海福建中路 193 号)
发　　行 上海人民出版社发行中心
印　　刷 常熟市新骅印刷有限公司
开　　本 890×1240 1/32
印　　张 8.25
插　　页 1
字　　数 178,000
版　　次 2021 年 5 月第 1 版
印　　次 2021 年 5 月第 1 次印刷
ISBN 978-7-208-16813-8/D・3681
定　　价 55.00 元